Cristian Bertol
Antonio Casanova

Cucina & Magia

The Magic Cooking Show

Editoriale Programma

Dedico questo libro ai miei amici Antonio Casanova, Saverio Cocchi, Claudio Cova (Pasta Shop Merano) ed Enzo Rosat (amministratore delegato di Punto Grill Service).

"L'amicizia ha due ingredienti principali: il primo è la scoperta di ciò che ci rende simili. E il secondo è il rispetto di ciò che ci fa diversi."

Peanuts

SOMMARIO

PREFAZIONE di ANTONIO CASANOVA

Mio padre non era un cuoco.
Ma forse era un mago.
Quando entravo in cucina, passando tra tegami e padelle, tra contenitori di vetro e scolapasta, lo vedevo trasformare gli alimenti, che combinati tra loro diventavano pranzi e cene straordinarie.

Plasmava la materia.
Pertanto quella fu la mia prima esperienza con la magia.
E la cucina diventò per me un luogo alchemico, dove si trasmutava la pietra filosofale, dove la materia diventava oro (o cibo).

Oggi mi trovo a fare la stessa esperienza, probabilmente con il migliore chef italiano per caratteristiche professionali e umane combinate assieme. C'è una sola differenza: che mentre assisterò alla sua magia io vi inserirò la mia. Intervenendo sugli ingredienti, cercando di stupire lui e voi.
Senza influire sul risultato finale.
Perché quella è la magia di Cristian Bertol.
Senza trucco.
Buon divertimento!

My father wasn't a cook.
Although he was perhaps a magician.
Whenever I'd enter the kitchen, passing between pots and pans, glass containers and colanders, I'd watch him transform ingredients, combining them to create extraordinary lunches and dinners.

He could shape food.
That was my very first experience of magic.
For me, the kitchen became like an alchemy laboratory, where the philosopher's stone could turn ingredients into gold (or food).

Today, I'm doing exactly the same thing, probably with Italy's best chef in terms of both his professional and personal characteristics combined. There's just one difference: as I help him with his magic, I'll be adding some of my own too. Playing around with ingredients, in an attempt to astound him and you.
Without affecting the end result.
Because that's the magic of Cristian Bertol.
No tricks.
Have fun!

Mein Vater war kein Koch.
Doch vielleicht war er ein Zauberer.
Wenn ich in die Küche kam, vorbei an Töpfen, Pfannen, Glasschüsseln und Nudelsieb, sah ich wie er Nahrungsmittel verwandelte, die zusammen mit anderen zu einem außergewöhnlichen Mittag- und Abendessen wurden.

Er verformte die Materie.
Das war auch meine erste Erfahrung mit Zauberei.
Die Küche wurde für mich zu einem Ort der Alchemie, wo sich der Stein der Weisen verwandelte, wo die Materie zu Gold (oder Essen) wurde.

Heute bin ich dabei, die gleiche Erfahrung zu machen, mit dem wahrscheinlich besten italienischen Koch, sowohl im Hinblick auf seine beruflichen als auch menschlichen Fähigkeiten. Es gibt nur einen Unterschied: Während ich seinen Zauber erlebe, füge ich meinen Zauber hinzu. So greife ich bei den Zutaten ein und versuche, ihn und auch Sie zu überraschen.
Natürlich ohne das Ergebnis zu beeinflussen.
Denn das ist der Zauber von Cristian Bertol.
Alles ganz ohne Tricks.
Viel Vergnügen!

Antonio Casanova

IL GARDA TRENTINO,

DOVE FINISCE L'IMMAGINAZIONE INIZIA LA TUA VACANZA

Ossigeno per il cuore e la mente. Aria di montagna da respirare a pieni polmoni, rapiti da un paesaggio d'incanto. Una regione scolpita nella roccia delle Dolomiti, ricoperta dai verdi più intensi, bagnata dal blu profondo del Lago di Garda. Un fascino unico che ha stregato imperatori e principi, filosofi, artisti e poeti: dagli Asburgo a Nietzsche, da Goethe a Thomas Mann e Rilke.

Il Garda Trentino ha incantato tutti e ancora oggi seduce i suoi visitatori, con panorami da sogno e natura incontaminata, con le testimonianze storiche del suo passato tra borghi medievali, castelli, torri e bastioni, attraversato da centinaia di chilometri di sentieri e piste da percorrere a piedi o in bicicletta. Questa è davvero una terra impareggiabile capace di incantare il turista in ogni stagione dell'anno con i suoi mille volti, adatta a una vacanza di sport estremo quanto a un soggiorno di tutto relax a misura di famiglie.

Un regno magico anche per il suo clima diversificato, dove il blu del Lago di Garda abbraccia il giallo dei limoni, i profili esotici delle palme e i profumi della vegetazione mediterranea, con le Dolomiti di Brenta a far da corona un poco più a nord e il Monte Baldo a sud.

Il territorio regala prodotti ricchi di gusto apprezzati in tutto il mondo, frutto di tradizioni antiche di cui i trentini vogliono conservare la genuinità e l'unicità. Nel bicchiere, straordinari vini rossi e bianchi, l'eccellenza delle bollicine Trento Doc. Nel piatto, la tipica carne salada De.Co., il pesce di lago, i broccoli presidio Slow Food e l'olio extravergine d'oliva DOP, solo per citarne alcuni.

Il maggiore lago italiano, con una superficie di 370 km quadrati, è da sempre una meta turistica internazionale particolarmente amata, con le sue spiagge e i venti che soffiano costanti – il Pelèr da nord verso sud la mattina e l'Ora da sud verso nord nel pomeriggio – adatti a tutte le vele. Non per niente il Garda Trentino è diventato la capitale del circuito velico internazionale e ha visto molti tra i migliori skipper del mondo timonare sulle sue acque.

Per scoprire le bellezze naturali della zona, dalle spiagge del Lago di Garda alle pendici dell'Altissimo, il mezzo privilegiato è senza dubbio la bicicletta. Che sia mountain bike, bici elettrica o bici da corsa, ogni giorno si può vivere su due ruote inseguendo emozioni diverse: dalle adrenaliniche discese fra i sentieri del Monte Baldo, del Monte Velo, di Laghel e di Tenno, ai percorsi meno estremi e anzi rilassanti, come quelli della piana di Dro e della litoranea tra Torbole e Riva del Garda.

Il Garda Trentino, meta di oltre 110.000 turisti ciclisti ogni anno, è sede di prestigiose manifestazioni internazionali tra cui il Bike Festival Garda Trentino a Riva del Garda.

Gli sport outdoor costituiscono una realtà in continua crescita: a tutti gli appassionati del genere, il Garda Trentino offre un un'immensa palestra a cielo aperto dove, nel raggio di soli 15 km, è possibile praticare ogni genere di attività, a cominciare dall'arrampicata sportiva: Arco è la patria del climbing a livello internazionale; assieme a Nago, Torbole sul Garda, Dro, Drena e Riva del Garda, offre una straordinaria qualità di roccia e falesie con diversi livelli di difficoltà. Sono oltre 2000 le vie attrezzate in grado di soddisfare sia i climber più esperti sia i

bambini e le famiglie che desiderano provare nuove esperienze. Proprio Arco è sede di importanti competizioni internazionali come Rock Master e Rock Junior. Ma le montagne che incorniciano il lago sono meta anche degli appassionati di trekking con percorsi che si spingono fino agli oltre 2.000 metri del Monte Stivo e dell'Altissimo, ascese ricompensate da un panorama spettacolare su tutto il bacino del Garda.
L'offerta di ospitalità è estremamente varia e permette a ogni visitatore di ritagliarsi una vacanza su misura, scegliendo fra hotel 5 stelle o Bed & Breakfast, appartamenti o campeggi, ostelli o affittacamere e agriturismi. Per rigenerare corpo e mente sono poi numerose le strutture dotate di servizi dedicati agli sportivi (outdoor friendly) e con centri benessere.
Oggi il Garda Trentino è sempre più wedding destination per matrimoni da favola, mentre eventi (non solo sportivi) durante tutto l'anno attirano e intrattengono gli ospiti in questo fantastico territorio a misura di vacanza.

PROGETTO VACANZE CON GUSTO

Per apprezzare a fondo una vacanza nel Garda Trentino non si può ovviamente prescindere dalla tradizione enogastronomica: un mix di sapori unici fra il lago e la montagna che gli chef dei ristoranti e delle trattorie della zona sanno magistralmente accostare. Perché non c'è solo la carne salada, regina indiscussa della regione. Ricavata dalla fesa di manzo, viene prodotta attraverso uno speciale procedimento che dura una decina di giorni: viene passata in un composto di sale grosso, alloro, pepe nero in grani, bacche di ginepro, aglio e poco rosmarino e successivamente disposta e pressata in un recipiente di terracotta o vetro in modo che ne fuoriesca l'acqua e siano assimilati gli aromi. Molto magra e saporita, è la base di alcuni dei più famosi piatti altogardesani. Tagliata sottile è adatta a essere consumata sia cruda che cotta (magari accompagnata da fagioli) e dal 2015 ha ottenuto il riconoscimento De.Co, Denominazione di Origine Comunale, a sottolineare la forte connessione con il territorio. C'è posto anche per il delicato olio extravergine d'oliva DOP. Da antiche olivaie, soleggiati terrazzamenti e piante centenarie nasce un Olio extravergine d'oliva – Casaliva ne è la varietà autoctona più importante – che ha la particolarità di essere quello prodotto alle latitudini più a nord nel mondo, oltre il 46° parallelo, e già nel 1998 veniva certificato con la Denominazione di Origine Protetta.

E poi il figlio del vento, un gioiello di verde bontà coltivato da secoli e adatto a tutti gli usi: il broccolo di Torbole, promosso come presidio Slow Food, dal sapore dolce e delicato, grazie soprattutto al forte vento da nord che impedisce la formazione di ghiaccio e brina, evitando che il "fiore" della pianta si rovini, alterandone il gusto. Nelle acque pure del Lago si pescano la trota, il coregone (o lavarello), il raro carpione, l'alborella, le sarde, il luccio, la tinca, il persico, l'anguilla, il vairone, il barbo e il salmerino e la trota d'allevamento, questi ultimi due da poco riconosciuti IGP.

Dal cuore della terra arrivano invece gli ortaggi di stagione biologici e integrati, prodotti nell'entroterra gardesano. I marroni sono un tesoro nel riccio che si può trovare nei boschi di Drena, Tenno, Nago e Campi, quest'ultimi certificati De.Co. Da gustare freschi o trasformati: per ogni palato e in tutte le stagioni è ricca la varietà dei frutti, come le susine di Dro DOP e De.Co., preziose fonti di potassio e di energia. Mentre pascoli verdi e aria di montagna garantiscono latte genuino di mucche e capre, da cui moltissime varietà di formaggi, yogurt, ricotta e burro.

Il tutto accompagnato da ottimi vini tipici e spumanti di montagna. Grazie al microclima mediterraneo, con i suoi venti caratteristici come Ora e Pelèr e le lunghe giornate soleggiate, il territorio è ideale per la coltivazione di una vasta gamma di vitigni. Cosa c'è di meglio di un buon bicchiere di bianco come quello che si ricava dall'uva Nosiola, o un corposo sorso di Cabernet o Merlot? Tra i numerosi vini DOC da segnalare la Schiava e il Lagrein, lo Chardonnay (utilizzato sia per la produzione di vino sia per spumante, come il Trentodoc), Pinot Bianco, Pinot Grigio, Sauvignon, Traminer aromatico, Moscato Giallo. Sempre in tema, da non perdere lo speciale Aceto Balsamico Trentino e una quantità di distillati prodotti con le buone usanze del passato. Utilizzando le vinacce delle singole varietà di uva si ottengono grappe più o meno intense, come quella di Moscato Giallo, oppure delicate, come quelle che si realizzano da Nosiola, Schiava, Teroldego, Marzemino e altre

varietà. E per chi ama i sapori particolari, numerose sono anche le grappe aromatizzate con erbe, bacche e radici secche (ruta, genziana, ginepro e asperula) o frutti di bosco (mirtilli, lamponi e fragole selvatiche). Infine sono da provare gli ottimi distillati realizzati con frutti come le susine di Dro, albicocche e pere. Un posto a parte merita il Vino Santo, Presidio Slow Food.
Una vacanza in Garda Trentino quindi può anche diventare una continua scoperta di sapori e una vera e propria avventura culinaria e, partendo da questo patrimonio inestimabile di sapori, è nato nel 2013 il progetto "Vacanze con gusto" iniziativa di Garda Trentino S.p.A. in collaborazione con Consorzio Valle di Ledro e Apt Rovereto e Vallagarina, che sta riscuotendo una buona partecipazione di produttori e ristoratori impegnati in un percorso condiviso di qualità.
L'obiettivo infatti è quello di mettere sempre più in rete il mondo della ristorazione con la ricca offerta di prodotti territoriali, favorendone il loro utilizzo anche attraverso la proposta di speciali menu tematici.

GARDA CON GUSTO - GOURMET EXPERIENCE

Al forte richiamo di sport, natura, divertimento e cultura, il Garda Trentino affianca quindi una validissima offerta enogastronomica tutta da scoprire, frutto di tradizioni storiche, unicità dei prodotti e di un innato senso di ospitalità e accoglienza. Ogni viaggio nel Garda Trentino può diventare un'esperienza "sensoriale": una gustosa scoperta di sapori, fragranze ed eccellenze del territorio. Ed è per questo che per la quarta edizione il primo weekend di novembre andrà in scena a Riva del Garda l'attesissima manifestazione "Garda con Gusto", una tre giorni di full immersion nei sapori e nei saperi per assaporare tutte le eccellenze enogastronomiche della regione, una miscela di contaminazioni gastronomiche con ricette della tradizione rivisitate e riammodernate da chef internazionali e di "spettacoli culinari" che vedranno protagonisti i fortunati consum-attori. Al centro di tutto la qualità e la possibilità di "testarla" nei vari "salotti del gusto" allestiti per le esperienze sensoriali guidate. Food blogger, vip, chef, ristoratori e produttori avranno così l'occasione di conoscersi, parlarsi, confrontarsi e proporre un vero e proprio "racconto culinario" di assaggi e parole. Come sempre la carne salada farà da padrona e regina indiscussa della scena ma non sarà mai sola: ad accompagnarla e impreziosirla tutti quei prodotti tipici della regione in grado di rendere questo territorio, anche al palato, unico e speciale. Un esclusivo GUSTO SHOP ci permetterà di portare e ripetere l'esperienza anche a casa. Provare, anzi assaggiare… per credere.

GARDA TRENTINO,
WHERE IMAGINATION ENDS AND YOUR DREAM HOLIDAY BEGINS

Oxygen for the heart and the brain. Take a deep breath and let in the crisp, mountain air enveloped in an enchanting landscape. A region sculpted in the rocks of the Dolomites, covered by intense shades of green, and caressed by the deep blue of Lake Garda. Garda Trentino possesses a unique charm which has bewitched emperors, princes, philosophers, artists and poets alike: from the Hapsburgs to Nietzsche, Goethe to Thomas Mann and Rilke.
Garda Trentino won everyone over then and continues to do so today, with dreamlike landscapes, uncontaminated nature, historic references to its past in its medieval hamlets, castles, towers and ramparts scattered along hundreds of thousands of trails and tracks to explore on foot or by bicycle. This is a truly unique land, one which enchants tourists year-round with its many facets; it is suitable both for extreme sports and relaxing family holidays.
It is a magical kingdom with a varied climate, where the blue of Lake Garda embraces the yellow of the lemon trees, the exotic silhouettes of the palm trees and the scents of the Mediterranean vegetation; the Brenta Dolomites form its crown in the North and Mount Baldo represents its most southern point.
This land brings us products which are rich in flavour and are loved all over the world; these are made following ancient recipes and the Trentino locals take great pride in preserving their uniqueness and wholesomeness. Extraordinary red and white wines will fill your glasses, allowing you to savour the excellence of Trento DOC bubbly. In terms of food, Trentino brings to the table the traditional De. Co. salty beef (carne salada), the lake fish, the Slow Food broccoli and the DOP extra-virgin olive oil, to name but a few.
Lake Garda, the largest lake in Italy which covers 370 square metres, has long been a loved international tourist destination, with its beaches and winds that blow constantly: the Pelèr, from North to South in the morning, and the Ora from South to North in the afternoon, both suitable for all sails. It comes as no surprise that Garda Trentino has become the capital of the international sailing circuit and has seen some of the best skippers in the world sail on its waters.
The best means to discover the natural beauty of this area - from the beaches of Lake Garda to the slopes of the Altissimo - is, without a doubt, the bicycle. Whether it is a mountain bike, an electrical bike or a racing bike, every day you can hop on the saddle and explore a range of emotions: from the descents on the trails of Monte Baldo, Monte Velo, Laghel and Tenno that get your adrenalin pumping, to

DAS GEBIET GARDA TRENTINO,
WO DIE FANTASIE ENDET BEGINNT IHR URLAUB

Nahrung für Herz und Geist. Bergluft, die es in vollen Zügen einzuatmen gilt, gefesselt von einer faszinierenden Landschaft. Ein in die Dolomitenfelsen gemeißeltes Gebiet, bedeckt von sattem Grün, umspült vom Tiefblau des Gardasees. Ein einzigartiger Zauber, der Herrscher und Prinzen, Philosophen, Künstler und Poeten gefangen genommen hat: von den Habsburgern über Nietzsche bis hin zu Goethe, Thomas Mann und Rilke.
Die Region Garda Trentino hat alle in ihren Bann gezogen und fasziniert noch heute ihre Besucher mit traumhaften Aussichten und unberührter Natur, mit den historischen Spuren ihrer Vergangenheit zwischen mittelalterlichen Dörfern, Schlössern, Türmen und Basteien sowie Hunderte Kilometer langen Routen und Wegen, die es zu Fuß oder mit dem Fahrrad zu entdecken gilt. Es ist ein wahrhaft unvergleichliches Land, das die Besucher mit seinen Tausend Gesichtern zu jeder Jahreszeit verzaubern kann und ideal für einen Extremsporturlaub wie auch für einen familiengerechten Entspannungsurlaub ist.
Ein magisches Reich auch im Hinblick auf das verschiedenartige Klima, wo sich das Blau des Gardasees mit dem Gelb der Zitronen vereint, oder die exotischen Umrisse der Palmen mit den Düften der mediterranen Vegetation, und mit den Brenta-Dolomiten, die etwas weiter nördlich eine wunderschöne Kulisse abgeben, und der Monte Baldo im Süden.
Das Gebiet schenkt als Ergebnis antiker Traditionen weltweit geschätzte, geschmacksreiche Produkte, deren Authentizität und Einzigartigkeit von den Tridentinern aufrechterhalten wird. Im Glas erwarten außergewöhnliche Rot- und Weißweine und der unübertreffliche Trento Doc-Schaumwein. Im Teller werden das typische Salzfleisch De.Co. (mit Gemeinde-Herkunftsbezeichnung), Seefisch, Brokkoli - ein Slow Food presidium (Auszeichnung der Slow Food-Stiftung) - und das extranative Olivenöl DOP (mit geschützter Ursprungsbezeichnung) serviert, um nur einige zu nennen.
Der größte See Italiens mit einer Fläche von 370 km2 ist seit jeher ein besonders beliebtes Reiseziel, mit seinen Stränden und den konstant blasenden Winden – dem “Pelèr” von Norden nach Süden am Morgen und der “Ora” von Süden nach Norden am Nachmittag –, die bestens für alle Segel geeignet sind. Die Region Garda Trentino wurde nicht zufällig zur Metropole der internationalen Segelwelt und sah viele der besten Skipper der Welt durch ihre Gewässer steuern.
Um die landschaftliche Schönheit des Gebiets zu entdecken, angefangen bei den Stränden des Gardasees bis hin zu den Hängen des Monte Altissimo, ist das Fahrrad zweifellos das bevorzugte Verkehrsmittel. Sei es Mountainbike, E-Bike oder Rennrad – jeden Tag kann man auf zwei Rädern verschiedenste Abenteuer erleben: von adrenalinsteigern-

the more relaxing trails on the Dro plain and the Torbole and Riva del Garda coastline.
Garda Trentino, the destination of over 110,000 cycling tourists every year, is where many prestigious international events take place, including the Garda Trentino Bike Festival in Riva del Garda.
Outdoor sports are becoming more and more popular: Garda Trentino offers all enthusiasts an amazing outdoor gymnasium where, in the space of only 15 km, it is possible to practise all kinds of activities, starting from climbing. Arco is the home of climbing and, together with Nago, Torbole sul Garda, Dro, Drena and Riva del Garda, it offers extraordinary types of rocks and cliffs with varying levels of difficulty. There are over 2,000 climbing paths which will meet the needs of expert climbers, but also children and families looking to try a new experience. Arco is also where important international competitions take place like the Rock Master and Rock Junior. But the mountains that frame the lake are also the destination of hiking enthusiasts with trails that reach the 2,000 metres of Monte Stivo and the Altissimo and ascents which reward you with a spectacular view of the entire Garda basin.
The hospitality offer is extremely varied and allows all visitors to create their own tailor-made holiday: from five-star hotels to bed and breakfasts, apartments to campsites, hostels to rooms and farmhouses. There are also many facilities to unwind and recharge your batteries with outdoor friendly sports facilities and spas.
Garda Trentino has also become the go-to destination for fairytale weddings and there are many events (not only sports-related) that take place year-round and entertain guests in this fantastic holiday-ready region.

HOLIDAYS WITH GUSTO PROJECT

In order to fully appreciate a holiday in Garda Trentino, you have to try the traditional food and wine: a combination of unique flavours from the lake and mountains, which local chefs expertly bring together in dishes served in restaurants and trattorias. And trust us: there is more to Garda Trentino that the carne salada, the undisputed queen of the region. Carne salada is obtained from beef rump treated according to a special process that lasts 10 days: it is placed in a coarse salt mixture, laurel, black pepper corns, juniper berries, garlic and a little rosemary; it is subsequently placed and pressed in a terracotta or glass container so the water can exit and the aromas are locked in. It is very lean, very tasty, and is one of the most famous dishes of northern Garda. It is thinly-cut, can be eaten raw or cooked (sometimes accompanied with beans) and, in 2015, it received the De.Co. seal (Denomination of Municipal Ori-

den Abfahrten zwischen den Wegen des Monte Baldo, Monte Velo, bei Laghel und Tenno bis hin zu weniger extremen oder sogar entspannenden Touren, z. B. durch die Ebene bei Dro und entlang der Uferstraße zwischen Torbole und Riva del Garda.
Das Gebiet Garda Trentino, Urlaubsziel von mehr als 110 000 Radtouristen pro Jahr, bildet die Kulisse von renommierten internationalen Veranstaltungen, wie des Bike Festivals Garda Trentino in Riva del Garda.
Outdoor-Sport erfreut sich hier immer größerer Beliebtheit. Allen Liebhabern dieser Sportarten bietet das Gebiet Garda Trentino einen riesigen Fitnessraum unter freiem Himmel, wo im Umkreis von nur 15 km jeder Art von Aktivität nachgegangen werden kann, wie z. B. das Sportklettern: Arco ist die internationale Heimat des Climbings. Gemeinsam mit Nago, Torbole am Gardasee, Dro, Drena und Riva del Garda bietet es eine außergewöhnliche Felsqualität und Klippen mit verschiedenen Schwierigkeitsniveaus. Mehr als 2000 ausgestattete Wege stellen sowohl erfahrene Climber als auch Kinder und Familien zufrieden, die neue Erfahrungen ausprobieren möchten. Arco ist auch die Location wichtiger internationaler Wettbewerbe, wie von Rock Master und Rock Junior. Doch die Berge, die den See umrahmen, sind ebenso Ziel von Trekking-Begeisterten, mit Routen, die bis auf 2000 Meter den Monte Stivo und den Monte Altissimo hinaufführen, Aufstiege, die mit einem sensationellen Ausblick auf das gesamte Garda-Becken belohnt werden.
Das Beherbergungsangebot ist äußerst vielseitig und ermöglicht jedem Besucher, sich einen maßgeschneiderten Urlaub zu gönnen, wobei eine Auswahl zwischen 5-Sterne-Hotels, Bed & Breakfast-Hotels, Ferienwohnungen, Campingplätzen, Herbergen, Zimmervermietungen oder einem Urlaub am Bauernhof geboten wird. Um Körper und Geist zu regenerieren, stehen zahlreiche Anlagen mit eigenen (outdoor friendly) Serviceleistungen für Sportler und Wellnesscentern zur Verfügung.
Heute wird das Gebiet Garda Trentino immer mehr zur Wedding Destination im Zeichen einer wahren Traumhochzeit, während (nicht nur sportliche) Events das ganze Jahr die Gäste anlocken und in diesem fantastischen und urlaubsgerechten Gebiet gute Unterhaltung bieten.

PROJEKT URLAUB MIT GESCHMACK

Um einen Urlaub im Garda Trentino vollends zu genießen, kann man natürlich nicht die önogastronomische Tradition außer Acht lassen. Von den Köchen der Restaurants und Gaststätten der Gegend wird meisterhaft eine Kombination aus einzigartigem Geschmack zwischen See und Bergen dargeboten. So gilt es nicht nur das Salzfleisch als absoluten Höhepunkt des Gebiets zu entdecken. Die aus der Rindernuss hergestellte Spezialität wird in einem ganz speziellen Verfahren zubereitet, das etwa zehn Tage in Anspruch nimmt. Das Fleisch wird in eine Mischung aus groben Salz, Lorbeer, schwarzen Pfefferkörnern, Wacholderbeeren,

gin), which stresses its strong connection to this land. Also worthy of mention is the refined DOP extra-virgin olive oil. From the ancient sun-kissed terraces and hundred-year old olive trees comes Casaliva - an indigenous extra-virgin olive oil which has the distinctive feature of being produced at the highest latitudes in the world, beyond the 46th parallel; in 1998 it was given the Protected Denomination of Origin seal.
Then there's the 'son of the wind', a green jewel which for centuries has been grown and has lent itself to many uses: the Torbole broccoli, which has received the Slow Food presidium, and has a sweet, delicate flavour, especially thanks to the strong wind from the north which impedes the formation of ice and brine, preventing the 'flower' of the plant from spoiling and altering its flavour. In the pure waters of the Lake, you can find trout, coregonus lavaretus (or lavaret), the rare salmo carpio, the arborella, sardines, pikes, tench, perch, eel, vairone, barbo, salmerino and farmed trouts; these last two were recently given the IGP products seal.
From the heart of the land come the organic and integrated seasonal vegetables, made in the Garda hinterland. The chestnuts are a treasure contained within a shell which can be found in the woods of Drena, Tenno, Nago and Campi; the latter are certified De.Co. These are to be eaten fresh or processed: they are perfect for every palate; this area also offers a wide variety of fruits such as the Dro DOP and De.Co. plums, a precious source of potassium and energy. The green meadows and fresh mountain air bring us excellent cow and goats' milk, which bring us many varieties of cheeses, yoghurt, ricotta and butter.
All this wonderful food is accompanied by exceptional local wines and mountain spumante. Thanks to the Mediterranean micro-climate, with its winds such as the Ora and Pelèr, and its long, sunny days, this land is suitable for the cultivation of a vast range of wine varietals. What is better than a glass of white wine, like the one you get from the Nosiola grapes, or a full-bodied Cabernet or Merlot? Worthy of mention among the many DOC wines are Schiava, the Lagrein, the Chardonnay (used both for the production of wine and spumante, such as the Trentodoc), Pinot Bianco, Pinot Grigio, Sauvignon, the zesty Traminer and the Moscato Giallo. Ever the perfect condiment is the unique Trentino Balsamic vinegar; and do not miss the range of spirits produced according to age-old traditions. By using the grape marc of single grape varieties, you get more or less intense grappas, such as the Moscato Giallo, or more delicate ones, like the ones of the Nosiola, Schiava, Teroldego, Marzemino and other varieties. And for those who enjoy more peculiar flavours, there are the grappas flavoured with herbs, berries and dry roots (rue, gentian, juniper and woodruff) or fruits of the forest (blackberries, raspberries and wild strawberries). Lastly, the exceptional spirits made with fruits such as the Dro plums, apricots and pears

Knoblauch und etwas Rosmarin gegeben und anschließend in einem Terrakotta- oder Glas-Behälter gepresst, damit das Wasser entweicht und die Aromen aufgenommen werden. Als sehr mageres und würziges Fleisch wird es zur Zubereitung einiger berühmter Gerichte des oberen Gardasees verwendet. Hauchdünn geschnitten kann es sowohl roh als auch gekocht (z. B. begleitet von Bohnen) verzehrt werden und 2015 erhielt es die De.Co.-Auszeichnung (Gemeinde-Herkunftsbezeichnung), damit die starke Verbundenheit mit dem Gebiet betont wird. Platz wird auch dem feinen extranativen Olivenöl DOP (mit geschützter Ursprungsbezeichnung) geboten. Aus alten Olivenhainen, sonnigen Terrassierungen und hundertjährigen Bäumen entsteht ein extranatives Olivenöl – Casaliva ist die wichtigste autochthone Sorte –, dessen Besonderheit es ist, in den nördlichsten Breitengraden, nach dem 46. Breitenkreis, erzeugt zu werden und bereits 1998 wurde es mit der geschützten Ursprungsbezeichnung ausgezeichnet.
Hier ist auch das Kind des Windes beheimatet, ein köstliches grünes Juwel, das seit Jahrhunderten angebaut wird und sich für jede Verwendung eignet: Der Brokkoli von Torbole, der als Slow Food presidium eingeführt wurde, mit seinem süßen und feinen Geschmack, vor allem dank des starken Nordwindes, der die Bildung von Eis und Raureif verhindert und so die Zerstörung der "Blume" der Pflanze vermeidet, wodurch auch ihr Geschmack beeinflusst wird. In den klaren Gewässern des Sees werden Forellen, Coregonen (oder Maränen), der seltene Karpfen, die Alborella, Sardinen, Hechte, Schleien, Flussbarsche, Aale, Strömer, Barben, Saiblinge und Forelle aus der Fischzucht gefischt. Die letzten beiden werden seit kurzem als Produkte mit geschützter geographischer Angabe anerkannt.
Aus dem Herzen des Landes kommen hingegen die biologischen Obst- und Gemüseprodukte der Saison aus integrierter Landwirtschaft, die im Hinterland des Gardasees angebaut werden. Die Maronen sind ein Schatz in der Schale, den man in den Wäldern bei Drena, Tenno, Nago und Campi findet, wobei die Maronen von Campi auch die Gemeinde-Herkunftsbezeichnung De.Co. tragen. Die vielen Obstsorten hingegen sind frisch oder auf verschiedenste Weise zubereitet zu genießen. Sie erfreuen zu jeder Jahreszeit jeden Geschmack, wie die Pflaumen von Dro DOP und De.Co., die wertvolle Kalium- und Energielieferanten sind. Die grünen Weiden und die Bergluft garantieren hingegen authentische Kuh- und Ziegenmilch, aus der zahlreiche Käse-, Joghurt-, Ricottakäse- und Buttersorten hergestellt werden.
All das wird von edlen und typischen Weinen und Schaumweinen aus den Bergen begleitet. Dank des mediterranen Mikroklimas mit seinen charakteristischen Winden, wie der Ora und dem Pelèr und den langen sonnigen Tagen, eignet sich das Gebiet bestens für den Anbau einer Vielzahl von Weinreben. Was gibt es Besseres als ein gutes Glas Weißwein, wie der, der aus der Nosiola-Traube hergestellt wird, oder ein vollmundiger Schluck Cabernet oder Merlot? Unter den zahlreichen DOC-Weinen (Qualitätsweine aus bestimmten Anbaugebieten) sind besonders der Schiava und der Lagrein erwähnenswert, wie auch der Chardonnay (der sowohl für

are definitely worth a try. Among these, we recommend Vino Santo, a Slow Food product.
Therefore, a holiday in Garda Trentino can also become a continuous discovery of flavours, a culinary adventure, thanks to its invaluable heritage of flavours. These were acknowledged in 2013 with the project "Holidays with Gusto", a Garda Trentino S.p.A. initiative in collaboration with the Valle di Ledro Consortium, Apt Rovereto and Vallagrina, which is receiving good feedback from producers and restaurateurs who are all commitment to this shared project which celebrates quality.
The objective is to strengthen the connection between the food service industry and the region's wealth of products, promoting them in special themed menus.

GARDA CON GUSTO
GOURMET EXPERIENCE

In addition to the sport, nature, entertainment and culture Garda Trentino has to offer, it brings a wide selection of food and wine; the local, historical cuisine here is combined with unique products and an innate sense of hospitality. Every trip to Garda Trentino can become a 'sensory' experience: a mouthwatering exploration of the flavours, fragrances and excellences of the land. And this is why, at the 1st weekend of November, the 4th edition of the highly-anticipated event, 'Garda con Gusto' will take place in Riva del Garda: this is a three-day full immersion into the flavours and experience to taste all the food and wine delicacies of the region, a combination of modern cuisine and traditional recipes revisited by international chefs, and 'culinary performances' that turn the lucky one who take part in them into consumers-cum-actors. Quality always takes centre stage, as does the chance to try the food in the 'gusto salons' created for guided sensory experiences. Food bloggers, VIPs, chefs, restaurateurs and producers will get the chance to meet one another, talk, exchange ideas and create a "culinary story" made of tasting and words. As always, carne salada is the piece de resistance, but it won't be alone: all the local, traditional products will accompany it, proving that this land is truly unique – even when it comes to the cuisine. An exclusive GUSTO SHOP will allow you to take the experience home. Trying... or better tasting... is believing!

die Wein- als auch Schaumweinherstellung verwendet wird, wie des Trentodoc) oder der Pinot Bianco, Pinot Grigio, Sauvignon, Gewürztraminer und Gelbe Muskateller. In diesem Zusammenhang dürfen keinesfalls der spezielle Balsamico-Essig Trentino und mehrere Branntweine unerwähnt bleiben, die nach den guten alten Bräuchen der Vergangenheit hergestellt werden. Durch Verwendung der Trester der einzelnen Traubensorten können mehr oder weniger intensive Grappa gewonnen werden, wie der Gelbe Muskateller, oder auch feine Grappa, die aus den Nosiola-, Schiava-, Teroldego-, Marzemino-Trauben und aus anderen Sorten hergestellt werden. Wer den besonderen Geschmack liebt, kommt auch mit einem Grappa voll auf seine Kosten, der mit Kräutern, Beeren oder trockenen Wurzeln (Weinraute, Enzianwurzel, Wacholder und Waldmeister) oder auch Waldbeeren (Heidelbeeren, Himbeeren und wilden Erdbeeren) aromatisiert wird. Schließlich gilt es unbedingt auch die vorzüglichen Branntweine zu kosten, die mit Früchten hergestellt werden, wie den Pflaumen aus Dro, Aprikosen und Birnen. Besondere Erwähnung verdient der Vino Santo, auch ein Slow Food presidium.
Ein Urlaub im Gebiet Garda Trentino kann sich somit auch in eine Tour der ständigen Geschmackserlebnisse und ein wahres kulinarisches Abenteuer verwandeln und ausgehend von diesem unschätzbaren Geschmacksreichtum wurde 2013 das Projekt "Urlaub mit Geschmack" ins Leben gerufen, eine Initiative des Garda Trentino S.p.A. in Zusammenarbeit mit dem Consorzio Valle di Ledro und des Fremdenverkehrsamts (Apt) Rovereto und Vallagarina, das eine große Beteiligung von Herstellern und Gastwirten aufweisen kann, welche sich gemeinsam für mehr Qualität engagieren.
Ziel ist es, die Gastronomiewelt mit dem reichen Angebot an Produkten des Gebiets immer mehr im Netz präsent zu machen, wobei ihre Verwendung auch anhand eines Angebots spezieller Themenmenüs gefördert wird.

GARDA CON GUSTO
GOURMET EXPERIENCE

Neben den attraktiven Sport-, Natur-, Unterhaltungs- und Kulturaktivitäten präsentiert das Gebiet Garda Trentino schließlich ein überzeugendes und entdeckenswertes önogastronomisches Angebot, das Ergebnis historischer Traditionen, einzigartiger Produkte und einer natürlichen Gastfreundschaft. Jede Reise in das Garda Trentino kann zu einer Erfahrung der "Sinne" werden: eine köstliche Entdeckungstour von Geschmack, Aromen und Besonderheiten des Gebiets. So findet am 1. November-Wochenende November die vierte Ausgabe der beliebten Veranstaltung "Garda con Gusto" in Riva del Garda statt, eine dreitägige Veranstaltung, die zum Eintauchen in Geschmack und Wissen einlädt, um alle önogastronomischen Besonderheiten der Region zu

kosten, eine Mischung aus gastronomischem Miteinander mit von internationalen Köchen neu interpretierten und zeitgerecht angepassten Rezepten der Tradition sowie "kulinarischen Sensationen", bei denen die Konsumenten die Hauptrolle spielen. Im Mittelpunkt all dessen steht die Qualität und es besteht die Möglichkeit, sie in den verschiedenen "Geschmackssalons" zu "testen", die für die geführten Sinneserfahrungen eingerichtet werden. Für Food Blogger, VIPs, Köche, Gastwirte und Erzeuger bietet sich die Gelegenheit, sich kennenzulernen, miteinander zu unterhalten, sich gegenüberzustellen und eine richtige "kulinarische Erzählung" mit Kostproben und Worten darzubieten. Wie immer ist das Salzfleisch der absolute Höhepunkt des Ereignisses. Doch es ist nicht allein, denn es wird von all diesen typischen Produkten der Region begleitet und bereichert, die dieses Gebiet, auch für den Gaumen, einzigartig und besonders machen. Ein exklusiver GUSTO SHOP ermöglicht uns, die Erfahrung mit nach Hause zu nehmen und dort zu wiederholen. So muss einfach probiert, oder besser gesagt gekostet werden, um begreifen zu können.

ANTIPASTI

STARTERS / VORSPEISEN

AFFETTATI MISTI

DELLA FEDERAZIONE PROVINCIALE ALLEVATORI TRENTO, GALLETTE DI STORO E SALSA FANTASIA DI PASTA SHOP MERANO

Tempo di preparazione: *10 minuti*

Antipasto bello e veloce. Tagliare tutti i salumi molto sottilmente e disporli a raggiera, come fosse un fiore. Prendere il lardo salato e ammorbidirlo in una ciotola per renderlo più spalmabile. Stenderlo in maniera uniforme sulle gallette di Storo e inserirle adeguatamente nella raggiera a base di affettati misti. Accompagnare il tutto con la Salsa fantasia di Pasta Shop Merano.

INGREDIENTI

50 g di mortadella (Federazione Provinciale Allevatori Trento)

50 g di lardo salato (Federazione Provinciale Allevatori Trento)

50 g di salame puro suino (Federazione Provinciale Allevatori Trento)

50 g di speck (Federazione Provinciale Allevatori Trento)

20 g di Salsa fantasia (Pasta Shop Merano)

3 Gallette di Storo

ALTINUM BRUT TRENTODOC

Esclusivi CANTINA ALDENO

SELECTION OF CURED MEATS FROM THE TRENTO PROVINCIAL FARMERS' FEDERATION, STORO CRACKERS AND FANTASY SAUCE BY THE PASTA SHOP MERANO

INGREDIENTS
50 g mortadella
50 g salted lard
50 g 100% pork salami
50 g speck (Trento Provincial Farmers' Federation)
20 g "fantasy sauce" (Pasta Shop Merano)
3 Storo Crackers

A great starter that's quick to prepare. Thinly slice all the cured meats and arrange them in a sunburst pattern, like a flower. Take the salted lard and soften it in a bowl to make it easier to spread. Spread evenly over the Storo crackers and place them appropriately in the sunburst arrangement of cured meats. Accompany with the "Fantasy sauce" by the Pasta Shop Merano.

Preparation time: *10 minutes*

GEMISCHTER AUFSCHNITT DES VIEHZÜCHTERVERBANDES DER PROVINZ TRIENT, MAISWAFFELN AUS STORO UND FANTASIESAUCE AUS DEM PASTA SHOP IN MERAN

ZUTATEN
50 g Mortadella
50 g gesalzener Speck
50 g reine Schweinswurst
50 g Räucherspeck (Viehzüchterverband der Provinz Trient)
20 g Fantasiesauce (Pasta Shop in Meran)
3 Maiswaffeln aus Storo

Zubereitungszeit: *10 Minuten*

Schöne und schnelle Vorspeise. Schneiden Sie den gesamten Aufschnitt sehr fein und ordnen Sie alles strahlenförmig an (wie eine Blume). Nehmen Sie den gesalzenen Speck und erweichen Sie ihn in einer Schüssel, um ihn streichfähiger zu machen. Streichen Sie ihn gleichmäßig auf die Maiswaffeln aus Storo und fügen Sie diese dem Strahlenkranz des gemischten Aufschnitts hinzu. Das Gericht ist mit Fantasiesauce aus dem Pasta Shop in Meran zu servieren.

CARPACCIO DI TESTINA

DI VITELLO CON INSALATINA DI FINOCCHI, MELA GOLDEN MELINDA, PEPERÒ CONDIMENTO AL PEPERONCINO E FRAMMENTI DI OLIVE ULIDEA DI AGRARIA RIVA DEL GARDA

Tempo di preparazione: *2 ore*
Tempo di cottura: *2 ore*

In una padella alta mettere a cuocere la testina di vitello con acqua e una presa di sale per circa 1 ora e 30 minuti; nel frattempo tagliare le verdure a dadini molto piccoli. Ultimata la cottura della testina, toglierla dall'acqua di cottura e tagliare anch'essa a dadini. In una padella versare 300 ml di acqua di cottura della testina, da far ridurre con l'aggiunta delle verdure tagliate a dadini; quando si sarà ristretta, dimezzandosi, aggiungere nuovamente la testina. Cuocere per 10 minuti e adagiare il composto in uno stampo cilindrico (si può anche usare una bottiglia di plastica, tagliando il collo e usandolo come stampo). Lasciar riposare in frigo per mezza giornata. Per l'insalatina, tagliare finemente i finocchi e la mela Golden Melinda e condire con la salsa ottenuta con succo del limone, senape e Peperò. Disporre l'insalatina nel centro del piatto e tagliare la testina tolta dallo stampo; con l'aiuto di una affettatrice, tagliarla sottilmente e disporla a raggiera sopra l'insalatina. Decorare con la mela Golden Melinda, i ciuffi di finocchio e i frammenti di olive.

INGREDIENTI

Per la testina di vitello:
300 g di testina di vitello (Federazione Provinciale Allevatori Trento)

1 carota

1 cipolla della Val di Gresta

sale q.b.

Per l'insalatina:
1 finocchio

1 mela Golden Melinda

sale q.b.

Peperò condimento al peperoncino (Agraria Riva del Garda)

frammenti di olive Ulidea (Agraria Riva del Garda)

1 limone

1 cucchiaio di senape

MÜLLER THURGAU DOC

Biologico CANTINA ALDENO

VEAL HEAD CARPACCIO WITH FENNEL AND GOLDEN MELINDA APPLE SALAD, PEPERÒ CHILLI DRESSING AND ULIDEA CHOPPED OLIVES BY AGRARIA RIVA DEL GARDA

INGREDIENTS

For the veal head: 300 g veal head (Trento Provincial Farmers' Federation)
1 carrot
1 Val di Gresta onion
salt to taste
For the salad: 1 fennel
1 Golden Melinda apple
salt to taste
Peperò chilli dressing (Agraria Riva del Garda)
Ulidea chopped olives (Agraria Riva del Garda)
1 lemon
1 tbsp mustard

Preparation time: *2 hours*
Cooking time: *2 hours*

Cook the veal head in a high-rimmed pan with some water and a pinch of salt for approximately 1 hour and 30 minutes; in the meantime, finely dice the vegetables. Once the veal head is cooked, remove it from the water and dice. Pour 300 ml of the water used to cook the veal head into a pan, add the diced vegetables and reduce; once it has reduced by half, add the veal head again. Cook for 10 minutes and pour the mixture into a cylindrical mould (you can also use a plastic bottle, cutting off the neck and using it as a mould). Leave to rest in the fridge for half a day. For the salad, finely slice the fennel and the Golden Melinda apple and dress with a sauce made using the lemon juice, mustard and Peperò. Place the salad in the centre of the plate and slice the veal head removed from the mould; with the help of a meat slicer, finely slice the veal head and arrange it in a sunburst pattern on top of the salad. Decorate with Golden Melinda apple, fennel tufts and chopped olives.

KALBSKOPF-CARPACCIO MIT SALAT AUS FENCHEL UND GOLDEN MELINDA-APFEL, PEPERÒ-SAUCE MIT PFEFFERSCHOTE UND ULIDEA-OLIVENSTÜCKE VON AGRARIA RIVA DEL GARDA

ZUTATEN
Für den Kalbskopf: 300 g Kalbskopf (Viehzüchterverband der Provinz Trient)
1 Karotte
1 Zwiebel aus dem Val di Gresta
Salz nach Belieben
Für den Salat: 1 Fenchel
1 Golden Melinda-Apfel
Salz nach Belieben
Peperò-Sauce mit Pfefferschote (Agraria Riva del Garda)
Ulidea-Olivenstücke (Agraria Riva del Garda)
1 Zitrone
1 Löffel Senf

Lassen Sie in einer hohen Pfanne den Kalbskopf mit Wasser und einer Brise Salz ca. 1 ½ Stunden kochen. Schneiden Sie in der Zwischenzeit das Gemüse in sehr kleine Würfel. Wenn der Kalbskopf fertig gegart ist, nehmen Sie ihn aus dem Kochwasser und schneiden Sie ihn ebenfalls in Würfel. Geben Sie 300 ml Kochwasser des Kalbskopfes in eine Pfanne und lassen Sie das in Würfel geschnittene Gemüse einkochen. Wenn es eingekocht und auf die Hälfte einreduziert wurde, geben Sie erneut den Kalbskopf hinzu. Lassen Sie ihn 30 Minuten lang garen und geben Sie die Masse in eine zylindrische Form (man kann auch eine Plastikflasche verwenden, indem man den Flaschenhals abschneidet und sie als Form verwendet). Lassen Sie alles einen halben Tag im Kühlschrank ruhen. Schneiden Sie für den Salat die Fenchel und den Golden Melinda-Apfel sehr fein und würzen Sie mit der Sauce, die Sie aus dem Zitronensaft, dem Senf und der Peperò-Sauce erhalten haben. Geben Sie den Salat in die Tellermitte und schneiden Sie den aus der Form genommenen Kalbskopf auf. Schneiden Sie ihn mit Hilfe einer Schneidemaschine sehr fein und ordnen Sie ihn strahlenförmig auf dem Salat an. Dekorieren Sie mit dem Golden Melinda-Apfel, dem Fenchelgrün und den Olivenstücken.

Zubereitungszeit: *2 Stunden*
Garzeit: *2 Stunden*

CODE DI GAMBERI

CON CAPASANTA SU CREMA DI BROCCOLO DI TORBOLE - PRESIDIO SLOW FOOD E FRAMMENTI DI OLIVE ULIDEA DI AGRARIA RIVA DEL GARDA E DADOLATA DI PANE DI SEGALE

Tempo di preparazione: *15 minuti*
Tempo di cottura: *5 minuti*

Portare a temperatura una padella antiaderente e adagiare le capesante con un filo di olio extravergine d'oliva e una presa di sale; farle dorare da entrambe le parti per un paio di minuti. Scottare i gamberi per pochi secondi in acqua bollente e salata, e mantenerli in caldo. Tagliare il Pantrentino a dadini e, con un filo di olio extravergine d'oliva, renderli croccanti saltandoli in padella per pochi minuti. Prendere la crema di broccolo e spennellare il piatto, adagiarvi la capasanta scottata e le code di gamberi; decorare con frammenti di olive e dadini croccanti di pane di segale. Finire con un filo di olio extravergine di oliva.

INGREDIENTI

12 code di gamberi sgusciate
4 capesante polpa senza corallo
20 g di Crema di Broccolo di Torbole
10 g di frammenti di olive Ulidea (Agraria Riva del Garda)
100 g di Pane di segale (Associazione Panificatori Provincia di Trento)
Olio extravergine di oliva 46° Parallelo (Agraria Riva del Garda)
sale q.b.

ALTINUM PAS DOSÈ TRENTODOC

Esclusivi CANTINA ALDENO

PRAWN TAILS WITH SCALLOPS ON A BED OF TORBOLE BROCCOLI CREAM - SLOW FOOD PRESIDIUM, AND ULIDEA CHOPPED OLIVES BY AGRARIA RIVA DEL GARDA, SERVED WITH RYE BREAD CROUTONS

INGREDIENTS
12 peeled prawn tails
flesh of 4 scallops without coral
20 g Torbole Broccoli Cream
10 g Ulidea chopped olives (Agraria Riva del Garda)
100 g Rye bread (Trento Province Bakers' Association)
46° Parallelo Extra virgin olive oil (Agraria Riva del Garda)
salt to taste

Heat up a non-stick pan and add the scallops with a drizzle of extra virgin olive oil and a pinch of salt; lightly brown them on both sides for a few minutes. Place the prawns in boiling, salted water for a few seconds and then keep them hot. Cut the Pantrentino rye bread into cubes and, with a drizzle of extra virgin olive oil, fry them in a pan for a few minutes to make them crunchy. Coat the plate with the cream of broccoli and arrange the seared scallops and prawn tails on top; decorate with chopped olives and rye bread croutons. Garnish with a drizzle of extra virgin olive oil.

Preparation time: *15 minutes*
Cooking time: *5 minutes*

GARANELENSCHWÄNZE MIT JAKOBSMUSCHEL AUF CREME AUS BROKKOLI VON TORBOLE (SLOW FOOD PRESIDIUM) MIT ULIDEA-OLIVENSTÜCKEN VON AGRARIA RIVA DEL GARDA UND ROGGENBROTWÜRFELN

ZUTATEN
12 ausgelöste Garnelenschwänze
4 Jakobsmuscheln (Muschelfleisch ohne Corail)
20 g Creme aus Brokkoli von Torbole
10 g Ulidea-Olivenstücke (Agraria Riva del Garda)
100 g Roggenbrot (Bäckervereinigung der Provinz Trient)
extranatives Olivenöl 46° Parallelo (Agraria Riva del Garda)
Salz nach Belieben

Zubereitungszeit: *15 Minuten*
Garzeit: *5 Minuten*

Erhitzen Sie eine Antihaftpfanne und geben Sie die Jakobsmuscheln mit etwas extranativem Olivenöl und einer Prise Salz hinein. Lassen Sie sie ein paar Minuten auf beiden Seiten anbraten. Garen Sie wenige Sekunden lang die Garnelen in kochendem Salzwasser und halten Sie sie warm. Schneiden Sie das Pantrentino-Brot in Würfel und braten Sie diese mit etwas Öl ein paar Minuten knusprig in einer Pfanne an. Nehmen Sie die Brokkolicreme und streichen Sie sie auf den Teller. Geben Sie dann die angebratene Jakobsmuscheln und die Garnelenschwänze hinzu. Dekorieren Sie mit Olivenstücken und den knusprigen Roggenbrotwürfeln. Verfeinern Sie abschließend mit etwas extranativem Olivenöl.

IL MIO FOIE GRAS

CON PANE DI SEGALE, COMPOSTA DI SUSINA DI DRO DOP DI AGRARIA RIVA DEL GARDA E CUPOLA DI CARAMELLO

Tempo di preparazione: *2 giorni*
Tempo di cottura: *3 ore*

Pulire il fegato grasso dal fiele e ricomporlo, insaporendolo con il sale, per poi ottenere dei salami da adagiare in una vaschetta coprendoli con il latte e il ghiaccio e tenerli in frigo per una notte. La mattina dopo togliere il fegato dal latte, asciugarlo bene e, con l'aiuto della carta forno, formare dei salami, chiudendo le estremità con uno spago. Riposizionare i fagottini di fegato grasso in una vaschetta stretta e coprire con lo strutto suino (precedentemente sciolto a 100°C), dopodiché mettere in frigo per 3 ore. Sciogliere in un pentolino lo zucchero nell'acqua insieme al glucosio liquido e portare il tutto a 165°C; foderare dei mescolini del diametro di 8 cm con la carta stagnola e successivamente con la pellicola, impregnarli dalla parte tonda con del caramello a 165°C e fare raffreddare con molta cura; con altrettanta cura, togliere delicatamente la cupola dal mescolino e levare sia la stagnola che la pellicola. Prendere del pane di segale e ottenere dei crostini dello spessore di 2 cm. Dopo aver disposto su un piatto la composta di susine e i crostini di pane, togliere il fegato grasso dallo strutto, levare la carta e ottenere dei trancetti di 3 cm da posizionare accanto alla composta; guarnire, infine, con le cupole di caramello.

INGREDIENTI

Per il foie gras:
500 g di fegato grasso di anatra
20 g di sale
200 g di latte
100 g di ghiaccio
500 g di strutto suino
200 g di Pane di segale (Associazione Panificatori Provincia di Trento)
50 g di composta di Susine di Dro DOP (Agraria Riva del Garda)

Per il caramello:
100 g di zucchero semolato
100 ml di acqua
100 ml di glucosio liquido

GEWÜRZTRAMINER TRENTINO DOC

Biologico CANTINA ALDENO

MY FOIE GRAS WITH RYE BREAD, DRO PLUM DOP COMPOTE BY AGRARIA RIVA DEL GARDA AND A CARAMEL DOME

INGREDIENTS
For the foie gras: 500 g fatty duck liver
20 g salt
200 g milk
100 g ice
500 g pork lard
200 g rye bread (Trento Province Bakers' Association)
50 g Dro Plum DOP compote (Agraria Riva del Garda)
For the caramel: 100 g granulated sugar
100 ml water
100 ml liquid glucose

Preparation time: *2 days*
Cooking time: *3 hours*

Remove any bile from the fatty liver and put it back together, season with salt. Roll into salamis and place in a container, covering with the milk and ice. Keep in the fridge overnight. The morning after, remove the liver from the milk, dry well and, with the help of baking paper, shape into salamis, closing the ends with some string. Reposition the fatty liver parcels in a narrow container and cover with pork lard (previously melted at 100°C), and then place in the fridge for 3 hours. Melt the sugar in a pan with the water and liquid glucose and heat up to 165°C. Line some 8 cm-diameter moulds with foil and then with cling film, soak the round part with the caramel at 165°C and then carefully leave them to cool down. Take equally as much care in delicately removing the dome from the mould and peel away both the foil and the cling film. Take the rye bread and slice into 2 cm-thick crostini. After arranging the plum compote on a plate together with the sliced bread, remove the fatty liver from the lard, remove the paper and cut into 3 cm slices, to be placed next to the compote. Finally, garnish with the caramel domes.

MEINE FOIE GRAS MIT ROGGENBROT, KOMPOTT AUS PFLAUMEN VON DRO DOP VON AGRARIA RIVA DEL GARDA UND KARAMELLKUPPEL

ZUTATEN
Für die foie gras: 500 g Entenstopfleber
20 g Salz
200 g Milch
100 g Eis
500 g Schweineschmalz
200 g Roggenbrot (Bäckervereinigung der Provinz Trient)
50 g Kompott aus Pflaumen von Dro DOP (Agraria Riva del Garda)
Für das Karamell: 100 g feiner Zucker
100 ml Wasser
100 ml flüssiger Traubenzucker

Säubern Sie die Stopfleber von der Galle und setzen Sie sie wieder zusammen. Salzen Sie sie dann ein und formen Sie Würste, die Sie in eine Schüssel geben, mit der Milch und dem Eis bedecken und eine Nacht lang in den Kühlschrank stellen. Nehmen Sie die Leber am darauffolgenden Morgen aus der Milch, trocknen Sie sie sorgfältig ab und formen Sie mit Hilfe von Backpapier Würste, die Sie an den Enden mit einer Schnur zusammenbinden. Legen Sie die geformten Würste in eine schmale Schüssel und bedecken Sie sie mit dem (zuvor bei 100°C geschmolzenen) Schweineschmalz. Danach geben Sie sie 3 Stunden in den Kühlschrank. Schmelzen Sie in einem Topf den Zucker im Wasser gemeinsam mit dem flüssigen Traubenzucker und erhitzen Sie alles auf 165°C. Legen Sie Formen mit einem Durchmesser von 8 cm mit Alufolie und anschließend mit Frischhaltefolie aus. Füllen Sie in die Rundung das auf 165-°C-erhitzte Karamell und lassen Sie es erkälten. Nehmen Sie dann vorsichtig die Kuppel aus der Form und entfernen Sie sowohl die Alufolie als auch die Frischhaltefolie. Nehmen Sie das Roggenbrot und schneiden Sie es in 2-cm-dicke Scheiben. Nachdem Sie das Pflaumenkompott und die Roggenbrotscheiben angeordnet haben, nehmen Sie die Stopfleber aus dem Schmalz, entfernen Sie das Backpapier und schneiden Sie sie in 3-cm-große Stücke, die Sie neben das Kompott geben. Dekorieren Sie abschließend mit den Karamellkuppeln.

Zubereitungszeit: *2 Tage*
Garzeit: *3 Stunden*

INSALATINA DI CAVOLO

CAPPUCCIO CON MELA GALA MELINDA, FORMAGGIO MEZZANO DI PRIMIERO, CARNE SALADA De.Co. DI PREGIS DI RIVA DEL GARDA E ACETO BALSAMICO DI PASTA SHOP MERANO

Tempo di preparazione: *20 minuti*

Tagliare il cavolo cappuccio molto sottilmente e condirlo con il condimento ottenuto dal succo di 1 limone, senape, olio extravergine e una presa di sale; lasciare macerare per circa 10 minuti. Tagliare a fettine la mela Gala Melinda e a dadini il formaggio Mezzano di Primiero, per amalgamarli successivamente al cavolo cappuccio precedentemente macerato. Disporre nel centro del piatto l'insalatina, adagiarvi le fettine di carne salada De.Co. e concludere con un filo di aceto balsamico.

INGREDIENTI

200 g di cavolo cappuccio

2 mele Gala Melinda

150 g di formaggio Mezzano di Primiero

200 g di carne salada De.Co. (Pregis di Riva del Garda)

aceto balsamico q.b. (Pasta Shop Merano)

1 limone

1 cucchiaio di senape

Olio extravergine di Oliva del Garda Trentino (Agraria Riva del Garda)

CHARDONNAY TRENTINO DOC

Biologico CANTINA ALDENO

SALAD WITH CABBAGE, GALA MELINDA APPLE, MEZZANO DI PRIMIERO CHEESE AND PREGIS SALTED BEEF De.Co. RIVA DEL GARDA, WITH BALSAMIC VINEGAR FROM THE PASTA SHOP MERANO

INGREDIENTS
200 g cabbage
2 Gala Melinda apples
150 g Mezzano di Primiero cheese
200 g salted beef De.Co. (Pregis in Riva del Garda)
balsamic vinegar to taste (Pasta Shop Merano)
1 lemon
1 tbsp mustard
Garda Trentino extra virgin olive oil (Agraria Riva del Garda)

Preparation time: *20 minutes*

Finely slice the cabbage and pour over a dressing made from the juice of 1 lemon, the mustard, extra virgin olive oil and a pinch of salt; leave to soak for approximately 10 minutes. Slice the Gala Melinda apple and dice the Mezzano di Primiero cheese, then mix together with the marinated cabbage. Place the salad in the centre of the plate, arrange the slices of salted beef on top and garnish with a drizzle of balsamic vinegar.

SALAT AUS KOPFKOHL, GALA MELINDA-APFEL, MEZZANO-KÄSE AUS PRIMIERO, SALZFLEISCH De.Co. AUS PREGIS BEI RIVA DEL GARDA UND BALSAMICO-ESSIG AUS DEM PASTA SHOP IN MERAN

ZUTATEN
200 g Kopfkohl
2 Gala Melinda-Äpfel
150 g Mezzano-Käse aus Primiero
200 g Salzfleisch De.Co. (Pregis bei Riva del Garda)
Balsamico-Essig nach Belieben (Pasta Shop in Meran)
1 Zitrone
1 Löffel Senf
extranatives Olivenöl der Region Garda Trentino (Agraria Riva del Garda)

Zubereitungszeit: *20 Minuten*

Schneiden Sie den Kopfkohl sehr fein und würzen Sie ihn mit der Sauce, die aus 1 Zitrone, Senf, extranativem Olivenöl und einer Prise Salz gewonnen wird: Lassen Sie alles 10 Minuten lang einweichen. Schneiden Sie den Gala Melinda-Apfel in Scheiben und den Mezzano-Käse aus Primiero in Würfel, um anschließend alles mit dem zuvor eingeweichten Kopfkohl zu vermengen. Geben Sie den Salat in die Tellermitte, ordnen Sie die Salzfleisch-Scheiben darauf an und verfeinern Sie mit etwas Balsamico-Essig.

INSALATINA DI TARASSACO

CON PANCETTA CROCCANTE, DADI DI MELA FUJI MELINDA, UOVO SODO, CROSTINI DI PANE DI MAIS DI STORO, OLIO EXTRAVERGINE D'OLIVA 46° PARALLELO DI AGRARIA RIVA DEL GARDA E ACETO DI MELE MELINDA

Tempo di preparazione: *20 minuti*
Tempo di cottura: *10 minuti*

Pulire l'insalatina di tarassaco e disporla in una ciotola. In una padella antiaderente fare rosolare la pancetta con un filo di olio extravergine e sfumare con l'aceto di mele. Tagliare il pane di mais a fettine sottili e farle dorare in forno a 150°C per 10 minuti. Cuocere le 2 uova fino a renderle sode, raffreddarle, pelarle e tagliarle a spicchi. Pelare la mela Fuji Melinda e ottenere dei dadini piccoli. Amalgamare al tarassaco, la pancetta croccante e i dadi di mela Fuji Melinda e disporre il tutto nel centro del piatto, decorare con le uova sode e i crostini di Pane al mais di Storo.

INGREDIENTI

200 g di tarassaco
100 g di pancetta affumicata (Federazione Provinciale Allevatori Trento)
1 mela Fuji Melinda
Aceto di mele Melinda
2 uova sode
200 g di Pane di mais (Associazione Panificatori Provincia di Trento) q.b.
Olio extravergine d'oliva 46° Parallelo (Agraria Riva del Garda)
sale q.b.

PINOT GRIGIO TRENTINO DOC

Athesim Flumen CANTINA ALDENO

DANDELION SALAD WITH CRUNCHY PANCETTA (TRENTO PROVINCIAL FARMERS' FEDERATION), DICED FUJI MELINDA APPLE, HARD-BOILED EGG, TOASTED STORO CORN BREAD, 46° PARALLELO EXTRA VIRGIN OLIVE OIL BY AGRARIA RIVA DEL GARDA AND MELINDA APPLE VINEGAR

INGREDIENTS
200 g dandelion
100 g smoked pancetta (Trento Provincial Farmers' Federation)
1 Fuji Melinda apple
Melinda apple vinegar
2 hard-boiled eggs
200 g Corn bread (Trento Province Bakers' Association) as desired
46° Parallelo extra virgin olive oil (Agraria Riva del Garda)
salt to taste

Preparation time: *20 minutes*
Cooking time: *10 minutes*

Clean the dandelion salad and place in a bowl. Brown the pancetta with a drizzle of extra virgin olive oil in a non-stick pan and soften with apple vinegar. Finely slice the corn bread and brown in the oven at 150°C for 10 minutes. Hard-boil the 2 eggs and then cool, peel and cut them into wedges. Peel and finely dice the Fuji Melinda apple. Mix the crunchy pancetta and diced Fuji Melinda apple with the dandelion and place in the centre of the plate. Decorate with the hard-boiled eggs and the toasted Storo corn bread.

LÖWENZAHNSALAT MIT KNUSPRIGEM BAUCHSPECK (VIEHZÜCHTERVERBAND DER PROVINZ TRIENT), FUJI MELINDA-APFELWÜRFELN, GEKOCHTEM EI, GERÖSTETEN MAISBROTSCHEIBEN AUS STORO UND EXTRANATIVEM OLIVENÖL 46° PARALLELO AGRARIA RIVA DEL GARDA SOWIE MELINDA-APFELESSIG

ZUTATEN
200 g Löwenzahn
100 g geräucherter Bauchspeck (Viehzüchterverband der Provinz Trient)
1 Fuji Melinda-Apfel
Melinda-Apfelessig
2 gekochte Eier
200 g Maisbrot (Bäckervereinigung der Provinz Trient) nach Belieben
extranatives Olivenöl 46° Parallelo (Agraria Riva del Garda)
Salz nach Belieben

Waschen Sie den Löwenzahnsalat und geben Sie ihn in eine Schüssel. Lassen Sie in einer Antihaftpfanne den Bauchspeck mit etwas extranativem Olivenöl anbraten und löschen Sie mit Apfelessig ab. Schneiden Sie das Maisbrot in dünne Scheiben und backen Sie es 10 Minuten lang bei 150°C im Backofen. Kochen Sie 2 Eier hart, die Sie dann abkühlen lassen, abschälen und in Stücke schneiden. Schälen Sie den Fuji Melinda-Apfel und schneiden Sie ihn in kleine Würfel. Vermengen Sie den Löwenzahn, den knusprigen Bauchspeck und die Fuji Melinda-Apfelwürfel und geben Sie alles in die Tellermitte. Dekorieren Sie mit den harten Eiern und den gerösteten Maisbrotscheiben aus Storo.

Zubereitungszeit: *20 Minuten*
Garzeit: *10 Minuten*

LE MIE BRUSCHETTE

AL PANTRENTINO

Tempo di preparazione: *20 minuti*
Tempo di cottura: *10 minuti*

Prendere il Pantrentino, ricavarne 4 fette (1 cm di spessore) e dorarle in forno a 180°C per solo 5 minuti.
Prima bruschetta: spalmare il lardo salato, precedentemente ammorbidito.
Seconda bruschetta: spalmare il paté di olive, adagiandoci sopra delle fettine sottilissime di carne salada De.Co. e Trentingrana.
Terza bruschetta: adagiare sul Pantrentino delle fettine di Tosella di Primiero e lasciarle sciogliere per 5 minuti nel forno a 180°C.
Quarta bruschetta: spalmare la crema di tartufo e nel frattempo pelare la mela Renetta Melinda: una volta tagliata a dadini, farla stufare leggermente in padella senza condimento e, infine, adagiarla sopra la Crema di tartufo.

INGREDIENTI

- 200 g di Pantrentino (Associazione Panificatori Provincia di Trento)
- 25 g di lardo salato (Federazione Provinciale Allevatori Trento)
- 25 g di carne salada De.Co. (Pregis di Riva del Garda)
- 100 g di Tosella di Primiero
- 50 g di Trentingrana
- 20 g di Paté di olive (Agraria Riva del Garda)
- 1 mela Renetta Melinda
- 5 g di Crema di tartufo (Pasta Shop Merano)

MÜLLER THURGAU TRENTINO DOC

Athesim Flumen CANTINA ALDENO

MY PANTRENTINO BRUSCHETTAS

INGREDIENTS
200 g Pantrentino bread (Trento Province Bakers' Association)
25 g salted lard (Trento Provincial Farmers' Federation)
25 g salted beef De.Co. (Pregis from Riva del Garda)
100 g Tosella di Primiero cheese
50 g Trentingrana cheese
20 g olive pâté (Agraria Riva del Garda)
1 Renetta Melinda apple
5 g Truffle cream (Pasta Shop Merano)

Cut 4 four slices of Pantrentino bread (1 cm thick) and brown them in the oven at 180°C for just 5 minutes.
First bruschetta: spread with the softened salted lard.
Second bruschetta: spread with the olive pâté, placing some incredibly thin slices of salted beef and Trentingrana cheese on top.
Third bruschetta: place some slices of Tosella di Primiero cheese on the Pantrentino bread and leave to melt in the oven at 180°C for 5 minutes.
Fourth bruschetta: spread with the truffle cream and, in the meantime, peel the Renetta Melinda apple. Dice the apple and gently stew in a pan without any seasoning. Finally, place on top of the truffle cream.

Preparation time: *20 minutes*
Cooking time: *10 minutes*

MEINE BRUSCHETTE MIT PANTRENTINO-BROT

ZUTATEN
200 g Pantrentino-Brot (Bäckervereinigung der Provinz Trient)
25 g gesalzener Speck (Viehzüchterverband der Provinz Trient)
25 g Salzfleisch De.Co.(Pregis in Riva del Garda)
100 g Tosella-Käse aus Primiero
50 g Trentingrana-Käse
20 g Olivenpaté (Agraria Riva del Garda)
1 Renetta Melinda-Apfel
5 g Trüffelcreme (Pasta Shop in Meran)

Zubereitungszeit: *20 Minuten*
Garzeit: *10 Minuten*

Nehmen Sie das Pantrentino-Brot, schneiden Sie es in 4 Scheiben (1 cm dick) und backen Sie sie bei 180°C nur 5 Minuten lang im Backofen.
Erste Bruschetta: Bestreichen Sie sie mit dem vorher erweichten, gesalzenen Speck.
Zweite Bruschetta: Bestreichen Sie sie mit dem Olivenpaté und geben Sie sehr fein geschnittene Salzfleischscheiben und den Trentingrana-Käse darauf.
Dritte Bruschetta: Geben Sie auf das Pantrentino-Brot die Tosella-Käsescheiben aus Primiero und lassen Sie sie bei 180°C 5 Minuten lang im Ofen schmelzen.
Vierte Bruschetta: Bestreichen Sie sie mit der Trüffelcreme und schälen Sie den Renetta Melinda-Apfel ab: Nachdem Sie ihn in Würfel geschnitten haben, lassen Sie ihn kurz in der Pfanne ohne weitere Zutaten schmoren und geben Sie ihn anschließend auf die Trüffelcreme.

PARFÈ DI ASPARAGI

BIANCHI DI ZAMBANA, INSALATINA, TRENTINGRANA, CROSTINI DI PANTRENTINO E OLIO EXTRAVERGINE D'OLIVA 46° PARALLELO DI AGRARIA RIVA DEL GARDA

Tempo di preparazione: *6 ore*
Tempo di cottura: *1 ora*

INGREDIENTI

500 g di Asparagi Bianchi di Zambana
1 bicchiere di latte
1 cucchiaio di zucchero
5 fogli di colla di pesce
250 g di panna da montare
200 g di Pantrentino (Associazione Panificatori Provincia di Trento)
100 g di misticanza
100 g di Trentingrana
Olio extravergine d'oliva 46° Parallelo (Agraria Riva del Garda)

Pulire gli asparagi bianchi e cuocerli in acqua salata, con l'aggiunta del latte e dello zucchero. Nel frattempo montare la panna e tenerla in frigo, ammollare in acqua fredda la colla di pesce. Cotti gli asparagi, frullarne i 2/3 molto bene, passare il composto al setaccio e incorporare la colla di pesce; raffreddare il composto a bagnomaria con acqua e ghiaccio. Quando la crema di asparagi inizia a essere fredda e la gelatina si rapprende, aggiungere delicatamente la panna montata, stando attenti a non smontarla. Foderare uno stampino triangolare con la pellicola, versarvi la crema e inserire all'interno 2 asparagi cotti per il lungo; ricoprire con l'impasto e mettere in frigo per 2 ore. Tagliare il Pantrentino a fette sottili e fare asciugare in forno a 150°C per 15 minuti. Disporre su un piatto un ciuffo di misticanza, adagiarvi il parfè tagliato con uno spessore di 3 cm. Decorare con le fette di Pantrentino, l'Asparago Bianco di Zambana tagliato a ventaglio, delle scaglie di Trentingrana e finire con un filo di olio extravergine d'oliva.

SAUVIGNON TRENTINO DOC

Athesim Flumen CANTINA ALDENO

PARFAIT OF ZAMBANA WHITE ASPARAGUS, SALAD, TRENTINGRANA CHEESE, TOASTED PANTRENTINO BREAD AND 46° PARALLELO EXTRA VIRGIN OLIVE OIL BY AGRARIA RIVA DEL GARDA

INGREDIENTS
500 g Zambana White Asparagus
1 glass of milk
1 tbsp sugar
5 sheets of isinglass
250 g whipping cream
200 g Pantrentino bread (Trento Province Bakers' Association)
100 g mixed salad leaves
100 g Trentingrana cheese
46° Parallelo extra virgin olive oil (Agraria Riva del Garda)

Preparation time: *6 hours*
Cooking time: *1 hour*

Clean the white asparagus and cook in salted water, adding the milk and sugar. Meanwhile, whip the cream and keep it in the fridge. Leave the isinglass to soak in cold water. Once the asparagus is cooked, blend 2/3 of them really well, passing the mixture through a sieve, and then mix in the isinglass. Leave the mixture to cool in a bain-marie of water and ice. When the asparagus cream starts to cool down and the gelatine begins to set, delicately add the whipped cream, being careful not to break it down. Line a triangular mould with cling film, pour in the cream and insert two boiled asparagus inside, lengthways. Cover with the mixture and place in the fridge for 2 hours. Thinly slice the Pantrentino bread and dry it in the oven at 150°C for 15 minutes. Place a handful of mixed salad leaves on a plate, arrange 3 cm-thick slices of the parfait on top. Decorate with the slices of Pantrentino bread, the Zambana White Asparagus cut into a fan-like arrangement, shavings of Trentingrana cheese and garnish with a drizzle of extra virgin olive oil.

PARFAIT AUS WEIßEM SPARGEL AUS ZAMBANA MIT SALAT, TRENTINGRANA-KÄSE, PANTRENTINO-RÖSTBROTSCHEIBEN UND EXTRANATIVEM OLIVENÖL 46° PARALLELO AGRARIA RIVA DEL GARDA

ZUTATEN
500 g weiße Spargel aus Zambana
1 Glas Milch
1 Löffel Zucker
5 Gelatineblätter
250 g Schlagsahne
200 g Pantrentino-Brot (Bäckervereinigung der Provinz Trient)
100 g Misticanza-Schnittsalat
100 g Trentingrana-Käse
extranatives Olivenöl 46° Parallelo (Agraria Riva del Garda)

Zubereitungszeit: *6 Stunden*
Garzeit: *1 Stunde*

Waschen Sie die weißen Spargel und kochen Sie sie in Salzwasser mit Zugabe der Milch und des Zuckers. Inzwischen schlagen Sie die Schlagsahne steif und geben Sie sie in den Kühlschrank. Weichen Sie in kaltem Wasser die Gelatine ein. Wenn die Spargel gar sind, mixen Sie 2/3 davon sorgfältig, streichen Sie die Masse durch ein Sieb und mengen Sie die Gelatine bei. Lassen Sie die Masse im Wasserbad mit Wasser und Eis abkühlen. Wenn die Spargelcreme kalt wird und sich die Gelatine verfestigt, fügen Sie sacht die Schlagsahne hinzu und geben Sie acht, dass sie nicht zu lange geschlagen wird. Legen Sie eine dreieckige Form mit Folie aus, füllen Sie die Creme ein und geben Sie längs 2 gekochte Spargel hinzu. Bedecken Sie mit der Masse und stellen Sie die Form 2 Stunden lang kalt. Schneiden Sie das Pantrentino-Brot in dünne Scheiben und backen Sie es 15 Minuten lang bei 150°C im Backofen. Geben Sie ein paar Blätter Misticanza-Schnittsalat auf einen Teller, ordnen Sie darauf das in 3-cm-dicke Scheiben geschnittene Parfait an. Dekorieren Sie mit den Pantrentino-Röstbrotscheiben, dem fächerförmig geschnittenen, weißen Spargel aus Zambano, Trentingrana-Käsesplittern und verfeinern Sie abschließend mit etwas extranativem Olivenöl.

SALMONE MARINATO

ALLA BIRRA SPECIALE DI GEWÜRZTRAMINER, CON PANE DELLE DOLOMITI, BURRO DI MALGA E OLIO EXTRAVERGINE DI OLIVA DEL GARDA TRENTINO ULIVA DOP DI AGRARIA RIVA DEL GARDA

Tempo di preparazione: *5 giorni*
Tempo di cottura: *10 minuti*

Adagiare la baffa di salmone in un contenitore di plastica e cospargerla con il sale, lo zucchero e il Pepe speciale (precedentemente miscelati). Coprire con un panno e innaffiarlo con la birra speciale al Gewürztraminer; portare a marinatura per almeno 5 giorni in frigo, avendo l'accortezza di girarlo ogni 2 giorni. Affettare il pane delle Dolomiti e farlo dorare in forno a 150°C per 10 minuti. Nel frattempo lavorare il burro con l'erba cipollina tritata finemente e ottenere, con un sacchetto da pasticceria, dei piccoli ciuffetti. Levare il salmone dalla marinatura e togliere il Pepe speciale in eccesso; tagliare molto sottilmente, dello spessore di un velo, e adagiare le fette a ventaglio su un piatto. Decorare con i ciuffetti di burro all'erba cipollina e disporre accanto i crostini di pane delle Dolomiti. Completare con un filo di olio extravergine di oliva.

INGREDIENTI

300 g di salmone (1/2 baffa)
30 g di sale
30 g di zucchero semolato
Pepe speciale (Pasta Shop Merano)
200 g di pane delle Dolomiti (Associazione Panificatori Provincia di Trento)
200 g di burro trentino
33 cl di birra speciale al Gewürztraminer (Viess Beer)
erba cipollina q.b.
Olio extravergine di Oliva del Garda Trentino Uliva DOP (Agraria Riva del Garda) q.b.

ALTINATE TRENTODOC BLANC DE BLANC

Biologico CANTINA ALDENO

SALMON MARINATED IN SPECIAL GEWÜRZTRAMINER BEER, WITH DOLOMITE BREAD, ALPINE BUTTER AND GARDA TRENTINO ULIVA DOP EXTRA VIRGIN OLIVE OIL BY AGRARIA RIVA DEL GARDA

INGREDIENTS
300 g salmon (1/2 lengthwise fillet)
30 g salt
30 g granulated sugar
Special pepper (Pasta Shop Merano)
200 g Dolomite bread (Trento Province Bakers' Association)
200 g Trentino butter
33 cl special Gewürztraminer beer (Viess Beer)
chives to taste
Garda Trentino Uliva DOP extra virgin olive oil (Agraria Riva del Garda) to taste

Preparation time: *5 days*
Cooking time: *10 minutes*

Place the salmon fillet in a plastic container and sprinkle with the salt, sugar and special pepper (previously mixed together). Cover with a cloth and soak with the special Gewürztraminer beer. Leave to marinade in the fridge for at least 5 days, turning over every 2 days. Slice the Dolomite bread and brown in the oven at 150°C for 10 minutes. Meanwhile, cream the butter together with the finely chopped chives and make small swirls using a piping bag. Remove the salmon from the marinade and remove any excess special pepper. Slice very thinly and place on the plate in a fan-like arrangement. Decorate with the swirls of chive butter and the toasted Dolomite bread to the side. Garnish with a drizzle of extra virgin olive oil.

MIT GEWÜRZTRAMINER-SPEZIALBIER MARINIERTER LACHS MIT DOLOMITEN-BROT, ALMBUTTER UND EXTRANATIVEM ULIVA DOP-OLIVENÖL DER REGION GARDA TRENTINO VON AGRARIA RIVA DEL GARDA

ZUTATEN
300 g Lachs (Lachshälfte)
30 g Salz
30 g feiner Zucker
Spezialpfeffer (Pasta Shop in Meran)
200 g Dolomiten-Brot (Bäckervereinigung der Provinz Trient)
200 g Trentino-Butter
33 cl Gewürztraminer-Spezialbier (Viess Beer)
Schnittlauch nach Belieben
extranatives Uliva DOP-Olivenöl der Region Garda Trentino (Agraria Riva del Garda) nach Belieben

Geben Sie die Lachshälfte in einen Plastikbehälter und bestreuen Sie sie mit Salz, Zucker und Spezialpfeffer (zuvor gemischt). Bedecken Sie sie mit einem Tuch und befeuchten Sie dieses mit dem Gewürztraminer-Spezialbier. Lassen Sie den Lachs mindestens 5 Tage im Kühlschrank marinieren und achten Sie darauf ihn jeden 2. Tag zu wenden. Schneiden Sie das Dolomiten-Brot und backen Sie es 10 Minuten lang bei 150°C im Backofen. In der Zwischenzeit rühren Sie die Butter mit dem fein gehackten Schnittlauch und formen Sie mit einem Spritzbeutel kleine Häufchen. Nehmen Sie den Lachs aus der Marinade und entfernen Sie den übermäßigen Spezialpfeffer. Schneiden Sie den Lachs hauchdünn und ordnen Sie die Scheiben fächerförmig auf dem Teller an. Dekorieren Sie mit den Schnittlauchbutter-Häufchen und fügen Sie die Dolomiten-Röstbrotscheiben hinzu. Verfeinern Sie abschließend mit etwas extranativem Olivenöl.

Zubereitungszeit: *5 Tage*
Garzeit: *10 Minuten*

TORTINO DI RICOTTA

CON CIUÌGA DI SAN LORENZO IN BANALE SU FONDUTA DI PUZZONE DI MOENA

Tempo di preparazione: *40 minuti*
Tempo di cottura: *25 minuti*

In una padella alta, fare sciogliere il burro con l'olio extravergine di oliva e la presa di sale; amalgamare la farina e tostare leggermente. Aggiungere il latte freddo e portare a bollore. Quando si otterrà una crema densa, aggiungere la ricotta e amalgamare con cura, per poi incorporare la Ciuìga tagliata a dadini. Infine aggiungere le 2 uova intere e ottenere un composto omogeneo. Imburrare e infarinare degli stampini di alluminio monoporzione e riempirli per 2/3 con l'impasto. Cuocere in forno a 200°C per 25 minuti. Nel frattempo mettere a bagnomaria il Puzzone di Moena con il latte e (solo quando sarà sciolto) frullare, aggiungendo i rossi d'uovo. Disporre la fonduta nel centro del piatto, adagiarvi il tortino di ricotta nel mezzo dopo averlo tolto con cura dallo stampino e decorare con dei dadini di Ciuìga.

INGREDIENTI

50 g di burro

50 g di Olio extravergine di Oliva del Garda Trentino (Agraria Riva del Garda)

200 g di latte intero

150 g di Farina bianca di Storo (tipo 1)

2 uova intere

150 g di ricotta

100 g di Ciuìga di San Lorenzo in Banale (tipico salume trentino)

1 presa di sale

Per la fonduta:
200 g di Puzzone di Moena

100 ml di latte

1 uovo intero

MOSCATO GIALLO TRENTINO DOC

Biologico CANTINA ALDENO

RICOTTA FLAN WITH CIUÌGA SALAMI FROM SAN LORENZO IN BANALE ON A FONDUE OF PUZZONE DI MOENA CHEESE

INGREDIENTS
50 g butter
50 g Garda Trentino extra virgin olive oil (Agraria Riva del Garda)
200 g whole milk
150 g white Storo flour (type 1)
2 whole eggs
150 g ricotta
100 g Ciuìga salami from San Lorenzo in Banale (typical salami from Trento)
1 pinch of salt
For the fondue: 200 g Puzzone di Moena cheese
100 ml milk
1 egg yolk

Preparation time: *40 minutes*
Cooking time: *25 minutes*

In a high-rimmed pan, melt the butter with the extra virgin olive oil and a pinch of salt; mix in the flour and cook gently. Add the cold milk and bring to the boil. Once the mixture forms a thick cream, add the ricotta and stir carefully, then add the diced Ciuìga. Lastly, add the 2 whole eggs and mix until smooth. Grease some single-portion aluminium moulds and dust with flour, then fill them 2/3 with the mixture. Cook in the oven at 200°C for 25 minutes. In the meantime, place the Puzzone di Moena cheese in a bain-marie with the milk. Once the cheese has melted, blend and add the egg yolk. Pour the fondue onto the centre of the plate and place the ricotta flan on top, having carefully removed it from its mould. Decorate with some diced Ciuìga.

RICOTTA-TÖRTCHEN MIT CIUÌGA-WURST AUS SAN LORENZO IN BANALE AUF PUZZONE-KÄSECREME AUS MOENA

ZUTATEN
50 g Butter
50 g extranatives Olivenöl der Region Garda Trentino (Agraria Riva del Garda)
200 g Vollmilch
150 g Weißmehl aus Storo (Typ 1)
2 ganze Eier
150 g Ricottakäse
100 g Ciuìga-Wurst aus San Lorenzo in Banale (typische Trientiner Wurstspezialität)
1 Prise Salz
Für die Käsecreme: 200 g Puzzone-Käse aus Moena
100 ml Milch
1 Eigelb

Zubereitungszeit: 40 Minuten
Garzeit: 25 Minuten

Schmelzen Sie in einer hohen Pfanne die Butter mit dem extranativen Olivenöl und der Prise Salz. Geben Sie das Mehl hinzu und lassen Sie es leicht rösten. Fügen Sie die kalte Milch hinzu und lassen Sie sie aufkochen. Wenn Sie eine dickflüssige Creme erhalten haben, geben Sie den Ricottakäse hinzu und rühren Sie sorgfältig um, um dann die in Würfel geschnittene Ciuìga-Wurst unterzuheben. Schließlich mengen Sie die 2 ganzen Eier bei und Sie erhalten eine gleichmäßige Masse. Bestreichen Sie Einzelportions-Aluminiumformen mit Butter und bestäuben Sie sie mit Mehl. Befüllen Sie sie dann zu 2/3 mit der Masse. Backen Sie sie bei 200°C 25 Minuten lang im Backofen. In der Zwischenzeit schmelzen Sie im Wasserbad den Puzzone-Käse aus Moena mit Milch und (erst wenn er geschmolzen ist) mixen Sie ihn unter Zugabe der Eidotter. Geben Sie die Käsecreme in die Tellermitte und ordnen Sie das Ricotta-Törtchen in der Mitte an, nachdem Sie es vorsichtig der Form entnommen haben. Dekorieren Sie mit Ciuìga-Wurstwürfeln.

TROTA IN CARPIONE

DEL LAGO DI GARDA TRENTINO CON BIRRA SPECIALE AL MIELE DI CASTAGNO DI CASTIONE E INSALATINA, SPICCHI DI ARANCIA, CAVIALE DI TROTA E OLIO EXTRAVERGINE D'OLIVA IMPERIALE DOP DEL GARDA DI AGRARIA RIVA DEL GARDA

Tempo di preparazione: *20 minuti*
Tempo di cottura: *10 minuti*

In una padella antiaderente mettere a bollire l'acqua, l'aceto di mele e la birra, con l'aggiunta di tutte le verdure pulite, lavate e tagliate finemente. Cuocere per 10 minuti. Nel frattempo sezionare i filetti di trota in parti uguali, coprire con la bagna di birra e le verdure; cuocere per altri 10 minuti, poi togliere dal fuoco. Pulire le arance a vivo e ottenere degli spicchi puliti e omogenei. Disporre la misticanza nel centro del piatto, adagiarvi sopra la trota carpionata e accanto, a raggiera, gli spicchi di arancia intervallati con il caviale di trota. Condire con l'olio extravergine d'oliva.

INGREDIENTI

200 g di filetto di trota
1 carota
1 cipolla della Val di Gresta
1 gambo di sedano
33 cl di acqua
33 cl di aceto di mele di Melinda
33 cl di Birra Speciale al Miele di Castagno di Castione (Viess Beer)
10 g di caviale di trota del lago di Garda Trentino
1 arancia
100 g di misticanza
sale q.b.
Olio extravergine d'oliva Imperiale DOP (Agraria Riva del Garda) q.b.

GEWÜRZTRAMINER TRENTINO DOC

Esclusivi CANTINA ALDENO

SOUSED TROUT FROM LAKE GARDA WITH SPECIAL CASTIONE CHESTNUT HONEY BEER AND SALAD, SERVED WITH ORANGE SEGMENTS, TROUT CAVIAR AND IMPERIALE DOP EXTRA VIRGIN OLIVE OIL BY AGRARIA RIVA DEL GARDA

INGREDIENTS
200 g trout fillet
1 carrot
1 Val di Gresta onion
1 stick of celery
33 cl water
33 cl Melinda apple vinegar
33 cl Special Castione Chestnut Honey Beer (Viess Beer)
10 g caviar of Trentino Lake Garda trout
1 orange
100 g mixed salad leaves
salt to taste
Imperiale DOP extra virgin olive oil (Agraria Riva del Garda) to taste

Preparation time: *20 minutes*
Cooking time: *10 minutes*

Bring the water, apple vinegar and beer to the boil in a non-stick pan. Clean, wash and finely chop the vegetables and add to the mixture. Cook for 10 minutes. Meanwhile, cut the trout fillet in equal pieces, cover with the beer and vegetable mixture and cook for another 10 minutes, then remove from the heat. Remove all traces of peel from the orange and break into clean and equally-sized segments. Place the mixed salad leaves in the centre of the plate and arrange the soused trout on top with the orange segments to the side, in a sunburst pattern, alternated with trout caviar. Drizzle with extra virgin olive oil.

FORELLE DER REGION GARDA TRENTINO MARINIERT MIT SPEZIALBIER MIT CASTIONE- KASTANIENHONIG MIT SALAT, ORANGENSPALTEN, FORELLENKAVIAR UND EXTRANATIVEM IMPERIALE DOP-OLIVENÖL DER REGION GARDA TRENTINO VON AGRARIA RIVA DEL GARDA

ZUTATEN
200 g Forellenfilet
1 Karotte
1 Zwiebel aus dem Val di Gresta
1 Stange Sellerie
33 cl Wasser
33 cl Melinda-Apfelessig
33 cl Spezialbier (Viess Beer) mit Castione Kastanienhonig
10 g Forellenkaviar der Region Garda Trentino
1 Orange
100 g Misticanza-Schnittsalat
Salz nach Belieben
extranatives Imperiale DOP-Olivenöl (Agraria Riva del Garda) nach Belieben

Zubereitungszeit: *20 Minuten*
Garzeit: *10 Minuten*

Lassen Sie in einer Antihaftpfanne das Wasser, den Apfelessig und das Bier mit Zugabe von gewaschenem und fein geschnittenem Gemüse 10 Minuten lang kochen. In der Zwischenzeit schneiden Sie die Forellenfilets in gleich große Stücke, bedecken Sie sie mit dem Bier und dem Gemüse: Kochen Sie sie 10 Minuten weiter und nehmen Sie dann die Pfanne vom Herd. Lösen Sie saubere und gleichmäßige Orangenfilets aus. Geben Sie den Misticanza-Schnittsalat in die Tellermitte, legen Sie die marinierten Forellenfilets darauf und ordnen Sie daneben strahlenförmig die Orangenfilets abwechselnd mit dem Forellenkaviar an. Verfeinern Sie mit etwas extranativem Olivenöl.

PRIMI PIATTI

FIRST COURSES / ERSTE GÄNGE

CANEDERLI ALLA TRENTINA

CON CARNE SALADA De.Co. DI PREGIS DI RIVA DEL GARDA SU FONDUTA DI FONTAL DI CAVALESE E FRAMMENTI DI OLIVE ULIDEA DI AGRARIA RIVA DEL GARDA

Tempo di preparazione: *45 minuti*
Tempo di cottura: *15 minuti*

Tagliare il Pantrentino a dadini molto piccoli; nel frattempo, far rosolare la carne salada De.Co. tagliata finemente con la cipolla tritata e incorporarla col pane. Aggiungere, sempre mescolando, il prezzemolo tritato, il latte tiepido, le uova intere e la farina bianca e, dopo un breve riposo, formare dei piccoli canederli. Mettere a fusione a bagnomaria il latte con il Fontal di Cavalese, per poi frullare il tutto con il rosso dell'uovo. Mettere a cuocere in acqua salata i canederli per almeno 12/15 minuti; a cottura ultimata, servire i canederli con la fonduta cremosa sul fondo piatto. Guarnire con del burro fuso e frammenti di olive.

INGREDIENTI

400 g di Pantrentino (Associazione Panificatori Provincia di Trento)

1 cipolla della Val di Gresta

150 g di carne salada (Pregis di Riva del Garda)

50 g di prezzemolo tritato

50 g di Farina bianca di Storo (tipo 1)

4 uova intere

200 ml di Latte Trento

Per la fonduta:
200 g di Fontal di Cavalese

100 ml di latte

1 rosso d'uovo

frammenti di olive Ulidea (Agraria Riva del Garda)

CHARDONNAY TRENTINO DOC

Athesim Flumen CANTINA ALDENO

TRENTO-STYLE DUMPLINGS WITH PREGIS SALTED BEEF De.Co. RIVA DEL GARDA, ON A BED OF FONTAL DI CAVALESE CHEESE FONDUE AND ULIDEA CHOPPED OLIVES BY AGRARIA RIVA DEL GARDA

INGREDIENTS
400 g Pantrentino bread (Trento Province Bakers' Association)
1 Val di Gresta onion
150 g salted beef De.Co. (Pregis from Riva del Garda)
50 g chopped parsley
50 g white Storo flour (type 1)
4 whole eggs
200 ml Trento milk
For the fondue: 200 g Fontal di Cavalese cheese
100 ml milk
1 egg yolk
Ulidea chopped olives (Agraria Riva del Garda)

Preparation time: *45 minutes*
Cooking time: *15 minutes*

Cut the Pantrentino bread into small cubes; in the meantime, brown the finely chopped salted beef with the chopped onion and add to the bread. Keep mixing and add the chopped parsley, the warm milk, the whole eggs, the white flour and, after briefly leaving to rest, shape the mixture into small dumplings. Melt the Fontal di Cavalese cheese together with the milk in a bain-marie and then blend the mixture together with the egg yolk. Boil the dumplings in salted water for at least 12-15 minutes. Once cooked, serve the dumplings on top of the creamy fondue on a flat plate. Garnish with some melted butter and chopped olives.

TRIENTINER KNÖDEL MIT SALZFLEISCH De.Co. AUS PREGIS BEI RIVA DEL GARDA AUF FONTAL-KÄSECREME AUS CAVALESE UND ULIDEA-OLIVENSTÜCKEN AGRARIA RIVA DEL GARDA

ZUTATEN
400 g Pantrentino-Brot (Bäckervereinigung der Provinz Trient)
1 Zwiebel aus dem Val di Gresta
150 g Salzfleisch De.Co. (Pregis bei Riva del Garda)
50 g gehackte Petersilie
50 g Weißmehl aus Storo (Typ 1)
4 ganze Eier
200 ml Trento-Milch
Für die Käsecreme: 200 g Fontal-Käse aus Cavalese
100 ml Milch
1 Eidotter
Ulidea-Olivenstücke (Agraria Riva del Garda)

Schneiden Sie das Pantrentino-Brot in sehr kleine Würfel. In der Zwischenzeit lassen Sie das sehr fein geschnittene Salzfleisch mit der gehackten Zwiebel braten und vermengen Sie alles mit dem Brot. Geben Sie unter ständigem Rühren die gehackte Petersilie, die lauwarme Milch, die ganzen Eier und das Weißmehl hinzu und formen Sie nach kurzem Ziehen kleine Knödel. Schmelzen Sie den Fontal-Käse aus Cavalese im Wasserbad, um ihn dann mit dem Eidotter zu mixen. Lassen sie die Knödel mindestens 12/15 Minuten im Salzwasser kochen. Wenn sie gar sind, servieren Sie sie auf Käsecreme. Garnieren Sie mit geschmolzener Butter und Olivenstücken.

Zubereitungszeit: *45 Minuten*
Garzeit: *15 Minuten*

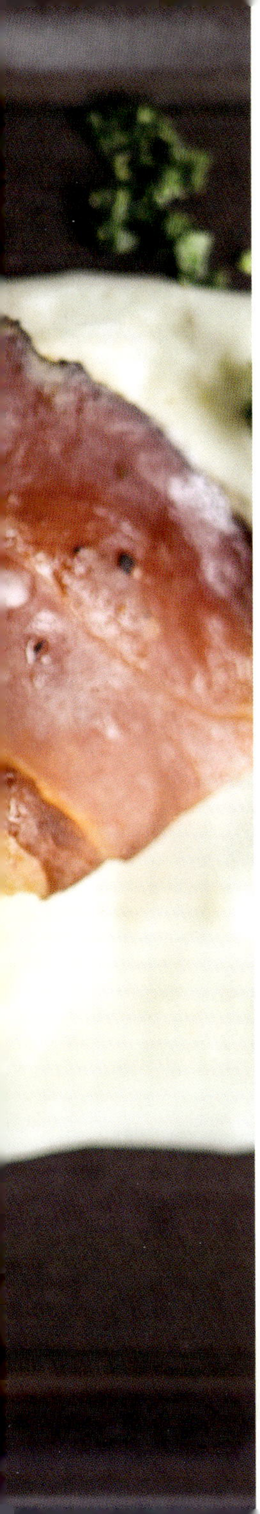

GNOCCHETTI DI AGLIO ORSINO

SU FONDUTA DI PUZZONE DI MOENA E SPECK DELLA FEDERAZIONE PROVINCIALE ALLEVATORI TRENTO

Tempo di preparazione: *20 minuti*
Tempo di cottura: *10 minuti*

Frullare le uova con il latte e le foglie di aglio orsino e incorporarle con la farina per ottenere un composto denso, da versare poi nella macchinetta per realizzare gli spätzle. Versare gli gnocchetti in acqua bollente salata e portare a cottura. Nel frattempo fare rosolare lo speck tagliato a listarelle con una noce di burro; scolare gli gnocchetti e insaporirli con il condimento. In ultimo, mettere a bagnomaria il Puzzone di Moena con il latte e, una volta sciolto, frullare aggiungendo il rosso d'uovo. Disporre tutto in un piatto da portata, aiutandosi con un coppa pasta per ottenere una forma cilindrica. Guarnire con delle foglie di aglio orsino e dello speck croccante.

INGREDIENTI

4 uova intere

200 g di Farina bianca di Storo (tipo 1)

1 bicchiere di latte, sale q.b.

50 g di aglio orsino (selvatico)

200 g di speck (Federazione Provinciale Allevatori Trento)

50 g di burro

Per la fonduta:
200 g di Puzzone di Moena

100 ml di latte

1 tuorlo

TRENTINO DOC ROSATO

Athesim Flumen CANTINA ALDENO

BABY GNOCCHI WITH WILD GARLIC ON A BED OF PUZZONE DI MOENA CHEESE FONDUE AND SPECK FROM THE TRENTO PROVINCIAL FARMERS' FEDERATION

INGREDIENTS
4 whole eggs
200 g white Storo flour (type 1)
1 cup of milk
salt to taste
50 g wild garlic
200 g speck (Trento Provincial Farmers' Federation)
50 g butter
For the fondue: 200 g Puzzone di Moena cheese
100 ml milk
1 egg yolk

Preparation time: *20 minutes*
Cooking time: *10 minutes*

Whisk the eggs with the milk and the wild garlic leaves and mix in the flour to obtain a thick mixture. Pour the mixture into the spätzle-making machine. Cook the baby gnocchi in salted boiling water. In the meantime, brown the speck cut into strips with a knob of butter. Drain the baby gnocchi and cover with the speck dressing. Lastly, melt the Puzzone di Moena cheese with the milk in a bain-marie and, once melted, blend together with the egg yolk. Place everything on a serving dish, using a dough cutter to create a cylindrical shape. Garnish with some wild garlic leaves and crunchy speck.

BÄRLAUCH-SPÄTZLE AUF PUZZONE-KÄSECREME AUS MOENA UND RÄUCHERSPECK DES VIEHZÜCHTERVERBANDS DER PROVINZ TRIENT

ZUTATEN
4 ganze Eier
200 g Weißmehl aus Storo (Typ 1)
1 Glas Milch
Salz nach Belieben
50 g (wilder) Bärlauch
200 g Räucherspeck (Viehzüchterverband der Provinz Trient)
50 g Butter
Für die Käsecreme: 200 g Puzzone-Käse aus Moena
100 ml Milch
1 Eigelb

Zubereitungszeit: *20 Minuten*
Garzeit: *10 Minuten*

Mixen Sie die Eier mit der Milch und den Bärlauchblättern und mengen Sie das Mehl bei, um eine dickflüssige Masse zu erhalten, die Sie dann in die Maschine füllen, um Spätzle herzustellen. Geben Sie die Spätzle in kochendes Salzwasser und lassen Sie sie kochen. In der Zwischenzeit braten Sie den in Streifen geschnittenen Räucherspeck mit einem nussgroßen Stück Butter an. Lassen Sie die Spätzle abtropfen und würzen Sie sie mit der Sauce. Schließlich schmelzen Sie im Wasserbad den Puzzone-Käse aus Moena mit Milch. Sobald er geschmolzen ist, mixen Sie ihn und geben Sie den Eidotter hinzu. Ordnen Sie alles auf einer Servierplatte an und bedienen Sie sich einer Teigform, um eine zylindrische Form zu erhalten. Garnieren Sie mit Bärlauchblättern und knusprigem Räucherspeck.

GNOCCHI DI POLENTA

DI STORO CON FARINA DI CASTAGNE DI CASTIONE E FUNGHI PORCINI

Tempo di preparazione: *30 minuti*
Tempo di cottura: *10 minuti*

Questa ricetta è un modo per recuperare la polenta avanzata: lavorare con le mani la polenta, per poi incorporare la farina di castagne e la farina bianca, le uova e il Trentingrana. Formare degli gnocchetti in modo tradizionale, come quelli classici di patate, e stenderli su una teglia. In una padella antiaderente aggiungere un filo di olio d'oliva extravergine e lo scalogno tritato per far saltare i funghi porcini (precedentemente puliti, lavati e tagliati finemente); solo alla fine, aggiungere il prezzemolo tritato. Cuocere gli gnocchi di polenta in acqua salata e quando arrivano a galla farli saltare in padella con i funghi porcini. Per concludere, spargere del prezzemolo fresco.

INGREDIENTI

1 kg di polenta di Storo

100 g di Farina di Castagne di Castione

100 g di Farina bianca di Storo (tipo 1)

2 uova intere

50 g di burro

Olio extravergine di Oliva del Garda Trentino (Agraria Riva del Garda)

100 g di Trentingrana

200 g di porcini freschi

1 scalogno intero

prezzemolo tritato

TRENTINO PINOT GRIGIO

Biologico CANTINA ALDENO

STORO POLENTA GNOCCHI WITH CASTIONE CHESTNUT FLOUR AND PORCINI MUSHROOMS

INGREDIENTS
1 kg Storo polenta
100 g Castione Chestnut Flour
100 g white Storo flour (type 1)
2 whole eggs
50 g butter
Garda Trentino extra virgin olive oil (Agraria Riva del Garda)
100 g Trentingrana cheese
200 g fresh porcini mushrooms
1 whole shallot
chopped parsley

This recipe is a great way to use up any leftover polenta: knead the polenta with your hands and then mix in the chestnut flour and white flour, the eggs and the Trentingrana cheese. Shape the mixture into traditional baby gnocchi, as you would for classic potato gnocchi, and place on a baking tray. In a non-stick pan, add a drizzle of extra virgin olive oil and the chopped shallot, then fry the porcini mushrooms (previously cleaned, washed and finely chopped). Add the chopped parsley right at the end. Cook the polenta gnocchi in salted boiling water and when they float to the surface, fry them quickly in the pan with the porcini mushrooms. Garnish with fresh parsley.

Preparation time: *30 minutes*
Cooking time: *10 minutes*

POLENTA-GNOCCHI AUS STORO MIT KASTANIENMEHL AUS CASTIONE UND STEINPILZEN

ZUTATEN
1 kg Polenta aus Storo
100 g Kastanienmehl aus Castione
100 g Weißmehl aus Storo (Typ 1)
2 ganze Eier
50 g Butter
extranatives Olivenöl der Region Garda Trentino (Agraria Riva del Garda)
100 g Trentingrana-Käse
200 g frische Steinpilze
1 ganze Schalotte
gehackte Petersilie

Mit diesem Rezept kann man übrig gebliebene Polenta verarbeiten. Bearbeiten Sie die Polenta mit den Händen, um dann das Kastanienmehl, das Weißmehl, die Eier und den Trentingrana-Käse hinzuzufügen. Formen Sie traditionelle Klößchen (wie klassische Kartoffel-Gnocchi) und geben Sie sie auf ein Backblech. Geben Sie etwas extranatives Olivenöl und die gehackte Schalotte in eine Antihaftpfanne, um darin die (zuvor gesäuberten, gewaschenen und fein geschnittenen) Steinpilze zu braten. Geben Sie die gehackte Petersilie erst am Ende hinzu. Kochen Sie die Polenta-Gnocchi in Salzwasser und wenn Sie nach oben steigen, schwenken Sie sie kurz in der Pfanne mit den Steinpilzen. Streuen Sie abschließend frische Petersilie darüber.

Zubereitungszeit: *30 Minuten*
Garzeit: *10 Minuten*

MACCHERONI

DI PASTA SHOP MERANO CON RAGÙ DI SCOTTONA DELLA FEDERAZIONE PROVINCIALE ALLEVATORI TRENTO

Tempo di preparazione: *60 minuti*
Tempo di cottura: *50 minuti*

In una casseruola rosolare cipolla, carote e sedano tritati con un filo di Olio extravergine; tagliare a dadi la scottona, infarinarla e incorporarla alle verdure appassite. Aggiungere il concentrato di pomodoro e ancora 1/2 cucchiaio di farina. Coprire con il brodo vegetale e portare a cottura per almeno 40 minuti a fuoco medio. Portare a cottura i maccheroni in acqua bollente e salata, per poi scolarli con cura e farli saltare con una parte del Ragù di Scottona. Finire con una grattugiata di Trentingrana.

INGREDIENTI

200 g di Maccheroni (Pasta Shop Merano)

1 cipolla della Val di Gresta

1 carota

1 gambo di sedano

2 cucchiai di Farina bianca di Storo (tipo 1)

500 ml di brodo vegetale

300 g di scottona (Federazione Provinciale Allevatori Trento)

10 g di doppio concentrato di pomodoro

50 g di Trentingrana

Olio extravergine di Oliva del Garda Trentino (Agraria Riva del Garda) q.b

TRENTINO DOC ROSATO

Athesim Flumen CANTINA ALDENO

MACCHERONI FROM THE PASTA SHOP MERANO WITH RAGU MADE USING HEIFER BEEF FROM THE TRENTO PROVINCIAL FARMERS' FEDERATION

INGREDIENTS
200 g Maccheroni (Pasta Shop Merano)
1 Val di Gresta onion
1 carrot
1 stick of celery
2 tbsp white Storo flour (type 1)
500 ml vegetable stock
300 g beef (heifer beef from the Trento Provincial Farmer's Federation)
10 g "double concentrate" tomato puree
50 g Trentingrana cheese
Garda Trentino extra virgin olive oil (Agraria Riva del Garda) to taste

In a casserole dish, fry the chopped onion, carrot and celery with a drizzle of extra virgin olive oil. Dice the beef, cover in flour and mix into the softened vegetables. Add the tomato puree and another 1/2 tbsp flour. Cover with the vegetable stock and cook for at least 40 minutes over a medium heat. Cook the maccheroni in salted boiling water, then carefully drain and mix together with some of the beef ragu sauce. Garnish with some grated Trentingrana cheese.

Preparation time: *60 minutes*
Cooking time: *50 minutes*

MAKKARONI AUS DEM PASTA SHOP IN MERAN MIT FÄRSENRAGOUT DES VIEHZÜCHTERVERBANDS DER PROVINZ TRIENT

ZUTATEN
200 g Makkaroni (Pasta Shop in Meran)
1 Zwiebel aus dem Val di Gresta
1 Karotte
1 Stange Sellerie
2 Löffel Weißmehl aus Storo (Typ 1)
500 ml Gemüsebrühe
300 g Färsenfleisch (Viehzüchterverband der Provinz Trient)
10 g doppelt konzentriertes Tomatenmark
50 g Trentingrana-Käse
extranatives Olivenöl der Region Garda Trentino (Agraria Riva del Garda) nach Belieben

Zubereitungszeit: *60 Minuten*
Garzeit: *50 Minuten*

Braten Sie in einer Kasserolle die Zwiebel, die Karotte und die Stange Sellerie (alles gehackt) mit etwas extranativem Olivenöl. Schneiden Sie das Färsenfleisch in Würfel, tauchen Sie es in Mehl und geben Sie es zu dem gebratenen Gemüse. Geben Sie das Tomatenmark hinzu und noch einen ½ Löffel Mehl. Bedecken Sie alles mit Gemüsebrühe und lassen Sie mindestens 40 Minuten bei mittlerer Hitze kochen. Kochen Sie die Makkaroni in Salzwasser, lassen Sie sie sorgfältig abtropfen und schwenken Sie sie kurz mit einem Teil des Färsenragouts. Bestreuen Sie sie abschließend mit geriebenem Trentingrana-Käse.

ORECCHIETTE

DI PASTA SHOP MERANO CON RAGÙ DI CAPRIOLO E ASPARAGI BIANCHI DI ZAMBANA

Tempo di preparazione: *20 minuti*
Tempo di cottura: *60 minuti*

In una casseruola far dorare sedano, carote e cipolla con un filo di olio extravergine di oliva. Aggiungere la carne di capriolo, precedentemente passata al tritacarne, e rosolare con cura. Sfumare con il vino rosso Teroldego, aggiungere il concentrato di pomodoro e i cucchiai di farina bianca e amalgamare. Portare a cottura a fuoco lento per almeno 1 ora. Nel frattempo, pelare gli asparagi bianchi e cuocerli in acqua salata. Cuocere le orecchiette in acqua salata; nel frattempo, ultimata la cottura, prendere parte del ragù e ripassarlo in padella con una noce di burro. Infine, aggiungere una parte degli asparagi tagliati a rondelle. Amalgamare bene con le orecchiette portate a cottura e servire con delle punte di asparago bianco incise per la metà.

INGREDIENTI

200 g di Orecchiette (Pasta Shop Merano)

400 g di polpa di capriolo

1 carota

1 cipolla della Val di Gresta

2 gambe di sedano

500 ml di Teroldego

1 cucchiaio di concentrato di pomodoro

2 cucchiai di Farina bianca di Storo (tipo 1)

10 Asparagi Bianchi di Zambana

Olio extravergine di Oliva del Garda Trentino (Agraria Riva del Garda) q.b.

S. ZENO BIANCO

Esclusivi CANTINA ALDENO

ORECCHIETTE FROM THE PASTA SHOP MERANO WITH ROE DEER RAGU AND ZAMBANA WHITE ASPARAGUS

INGREDIENTS
200 g Orecchiette (Pasta Shop Merano)
400 g roe deer meat
1 carrot
1 Val di Gresta onion
2 sticks of celery
500 ml Teroldego red wine
1 tbsp tomato puree
2 tbsp white Storo flour (type 1)
10 Zambana White Asparagus
Garda Trentino extra virgin olive oil (Agraria Riva del Garda) to taste

Preparation time: *20 minutes*
Cooking time: *60 minutes*

In a casserole dish, fry the celery, carrot and onion with a drizzle of extra virgin olive oil. Mince the deer meat and add to the pan, and then brown carefully. Add the Teroldego red wine, tomato puree and the tablespoons of white flour. Mix together. Cook over a low heat for at least 1 hour. In the meantime, peel the white asparagus and cook in salted water. Cook the orecchiette in salted water. Once cooked, take part of the ragu and heat up in a pan with a knob of butter. Lastly, add some asparagus sliced into small discs. Mix well with the cooked orecchiette and serve with the tips of the white asparagus sliced down the middle.

ORECCHIETTE-NUDELN AUS DEM PASTA SHOP IN MERAN MIT REHRAGOUT UND WEIẞEM SPARGEL AUS ZAMBANA

ZUTATEN
200 g Orecchiette-Nudeln (Pasta Shop in Meran)
400 g Rehfleisch
1 Karotte
1 Zwiebel aus dem Val di Gresta
2 Stangen Sellerie
500 ml Teroldego-Wein
1 Löffel Tomatenmark
2 Löffel Weißmehl aus Storo (Typ 1)
10 weiße Spargel aus Zambana
extranatives Olivenöl der Region Garda Trentino (Agraria Riva del Garda) nach Belieben

Zubereitungszeit: *20 Minuten*
Garzeit: *60 Minuten*

Braten Sie in einer Kasserolle den Stangensellerie, die Karotte und die Zwiebel mit etwas extranativem Olivenöl. Geben Sie das vorher durch den Fleischwolf gedrehte Rehfleisch hinzu und lassen Sie es langsam braten. Löschen Sie mit dem Teroldego-Rotwein ab, mengen Sie das Tomatenmark und die 2 Löffel Weißmehl bei und vermischen Sie alles. Lassen Sie die Zutaten mindestens 1 Stunde bei geringer Hitze kochen. In der Zwischenzeit schälen Sie die weißen Spargel und kochen Sie sie in Salzwasser. Kochen Sie die Orecchiette-Nudeln in Salzwasser. Wenn das Ragout fertiggekocht ist, nehmen Sie einen Teil davon und erhitzen ihn in einer Pfanne mit einem nussgroßen Stück Butter. Fügen Sie schließlich einen Teil der in Scheiben geschnittenen Spargel hinzu. Vermischen Sie alles gut mit den gekochten Orecchiette-Nudeln und servieren Sie mit in der Mitte eingeschnittenen, weißen Spargelspitzen.

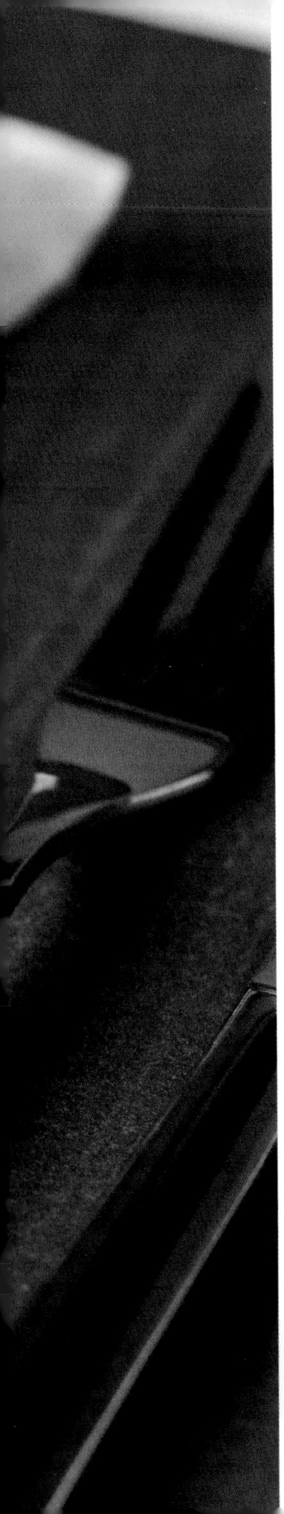

RAVIOLI DI PASTA FRESCA

ALL'ASPARAGO BIANCO DI ZAMBANA, CIUÌGA DI SAN LORENZO IN BANALE E RICOTTA AFFUMICATA

Tempo di preparazione: *30 minuti*
Tempo di cottura: *20 minuti*

Impastare la Farina bianca di Storo, i rossi d'uovo, la presa di sale e lasciare riposare. Nel frattempo cuocere gli asparagi bianchi in acqua salata per poi, successivamente, tagliarli a dadini molto piccoli e asciugarli molto bene. Incorporare alla ricotta gli asparagi, le uova e il Trentingrana; se il composto dovesse risultare troppo morbido, aggiungere 100 g di pane grattugiato. Tirare la pasta sottilissima e formare con una rotella dei quadrati da farcire con l'impasto per ottenere i ravioli. Portare a cottura i ravioli in acqua salata per poi farli saltare in padella con degli asparagi bianchi tagliati a dadini e la Ciuìga di San Lorenzo in Banale tagliata sottilmente. Disporre nel piatto a raggiera, completando il piatto con il burro fuso.

INGREDIENTI

Per la pasta:
500 g di Farina bianca di Storo (tipo 1)
15 rossi d'uovo
1 presa di sale

Per la farcia:
350 g di ricotta fresca
200 g di Asparagi Bianchi di Zambana
100 g di Trentingrana
1 presa di sale
100 g di ricotta salata
50 g di Ciuìga di San Lorenzo in Banale (salume tipico trentino)
50 g di burro

S. ZENO BIANCO
Esclusivi CANTINA ALDENO

FRESH PASTA RAVIOLI STUFFED WITH ZAMBANA WHITE ASPARAGUS, CIUÌGA SALAMI FROM SAN LORENZO IN BANALE AND SMOKED RICOTTA CHEESE

INGREDIENTS

For the pasta: 500 g white Storo flour (type 1)
15 egg yolks
1 pinch of salt
For the filling: 350 g fresh ricotta cheese
200 g Zambana White Asparagus
100 g Trentingrana cheese
1 pinch of salt
100 g salted ricotta cheese
50 g Ciuìga salami from San Lorenzo in Banale (typical salami from Trento)
50 g butter

Preparation time: *30 minutes*
Cooking time: *20 minutes*

Knead together the white Storo flour, egg yolks and a pinch of salt and leave to stand. In the meantime, cook the white asparagus in salted water and then chop them into very small cubes, drying them well. Mix the asparagus with the ricotta, egg yolks and Trentingrana cheese; if the mixture is too soft, add 100 g of breadcrumbs. Roll the pasta out very thinly. Use a dough cutter to cut out square shapes on which to place the filling to make the ravioli. Cook the ravioli in salted water and then fry them quickly in the pan with the diced white asparagus and the thinly sliced Ciuìga salami from San Lorenzo in Banale. Arrange on the plate in a sunburst pattern, garnishing with some melted butter.

FRISCHE RAVIOLI MIT WEISSEM SPARGEL AUS ZAMBANA, CIUÌGA-WURST AUS SAN LORENZO IN BANALE UND GERÄUCHERTEM RICOTTAKÄSE

ZUTATEN
Für den Teig: 500 g Weißmehl aus Storo (Typ 1)
15 Eidotter
1 Prise Salz
Für die Füllung: 350 g frischer Ricottakäse
200 g weiße Spargel aus Zambana
100 g Trentingrana-Käse
1 Prise Salz
100 g gesalzener Ricottakäse
50 g Ciuìga-Wurst aus San Lorenzo in Banale (typische Trientiner Wurstspezialität)
50 g Butter

Zubereitungszeit: *30 Minuten*
Garzeit: *20 Minuten*

Kneten Sie das Weißmehl aus Storo, die Eidotter und die Prise Salz und lassen Sie den Teig ruhen. In der Zwischenzeit kochen Sie die weißen Spargel in Salzwasser und schneiden Sie sie dann in sehr kleine Würfel, die sie gut trocknen lassen. Vermischen Sie die Spargel mit dem Ricottakäse, den Eidottern und dem Trentingrana-Käse. Wenn die Masse zu weich ist, geben Sie 100 g Paniermehl dazu. Rollen Sie den Teig dünn aus und formen Sie mit einem Teigrad Quadrate, die Sie mit der Masse füllen, um so Ravioli zu erhalten. Lassen Sie die Ravioli in Salzwasser kochen und schwenken Sie sie dann in der Pfanne mit dem in Würfel geschnittenen weißen Spargel und der dünn geschnittenen Ciuìga-Wurst aus San Lorenzo in Banale. Ordnen Sie sie strahlenförmig im Teller an und verfeinern Sie das Gericht mit geschmolzener Butter.

TAGLIATELLE

DI PASTA SHOP MERANO AL RAGÙ DI CODA DI BUE E DADINI DI AFFOGATO DI SABBIONARA

Tempo di preparazione: *15 minuti*
Tempo di cottura: *90 minuti*

Prima di tutto, far rosolare la coda di bue sezionata in più parti con un filo di olio extravergine di oliva, poi aggiungere le verdure tagliate finemente, coprire con la birra e aggiustare di sale; portare a cottura per un'ora e mezza. Terminata la cottura della coda, toglierla dalle verdure e spolparla, frullare la salsa rimasta molto bene e riportarla a cottura con la sua carne a fuoco lento. Mettere le tagliatelle a cottura in acqua salata, per poi spadellarle con il ragù di coda di bue. Impiattare e decorare con dadini di formaggio Affogato di Sabbionara.

INGREDIENTI

200 g di Tagliatelle all'uovo (Pasta Shop Merano)

200 g di coda di bue (Federazione Provinciale Allevatori Trento)

1 carota

1 cipolla della Val di Gresta

2 gambi di sedano

66 cl di Birra speciale Golden Ale

sale q.b.

Olio extravergine di Oliva del Garda Trentino (Agraria Riva del Garda) q.b.

100 g di Affogato di Sabbionara

MARZEMINO TRENTINO DOC

Athesim Flumen CANTINA ALDENO

TAGLIATELLE FROM THE PASTA SHOP MERANO WITH OXTAIL RAGU AND CUBES OF AFFOGATO DI SABBIONARA CHEESE

INGREDIENTS
200 g egg tagliatelle (Pasta Shop Merano)
200 g oxtail (Trento Provincial Farmers' Federation)
1 carrot
1 Val di Gresta onion
2 sticks of celery
66 cl special Golden Ale beer
salt to taste
Garda Trentino extra virgin olive oil (Agraria Riva del Garda) to taste
100 g Affogato di Sabbionara cheese

Preparation time: *15 minutes*
Cooking time: *90 minutes*

First of all, brown the oxtail, cut into sections, with a drizzle of extra virgin olive oil. Add the finely chopped vegetables, cover with beer and season with salt. Cook for one and a half hours. Once the oxtail is cooked, remove it from the vegetables and strip the meat from the bone. Blend the remaining sauce well and cook again with the meat over a low heat. Cook the tagliatelle in salted water and then mix with the oxtail ragu. Serve and decorate with cubes of Affogato di Sabbionara cheese.

BANDNUDELN AUS DEM PASTA SHOP IN MERAN MIT OCHSENSCHWANZRAGOUT UND AFFOGATO-KÄSEWÜRFELN AUS SABBIONARA

ZUTATEN
200 g Eierteig-Bandnudeln (Pasta Shop in Meran)
200 g Ochsenschwanz (Viehzüchterverband der Provinz Trient)
1 Karotte
1 Zwiebel aus dem Val di Gresta
2 Stangen Sellerie
66 cl Golden Ale-Spezialbier
Salz nach Belieben
extranatives Olivenöl der Region Garda Trentino (Agraria Riva del Garda) nach Belieben
100 g Affogato-Käse aus Sabbionara

Braten Sie zuerst den in mehrere Teile geschnittenen Ochsenschwanz mit etwas Olivenöl an. Geben Sie dann das fein geschnittene Gemüse hinzu, bedecken Sie mit dem Bier und würzen Sie mit Salz. Lassen Sie alles 1 ½ Stunden kochen. Wenn der Ochsenschwanz gar ist, nehmen Sie ihn aus dem Gemüse und lösen Sie das Fleisch ab. Mixen Sie die übrig gebliebene Sauce sorgfältig und lassen Sie sie mit dem Fleisch bei geringer Hitze aufkochen. Kochen Sie die Bandnudeln in Salzwasser und schwenken Sie sie dann mit dem Ochsenschwanzragout. Geben Sie alles auf einen Teller und dekorieren Sie mit Affogato-Käsewürfeln aus Sabbionara.

Zubereitungszeit: *15 Minuten*
Garzeit: *90 Minuten*

TAGLIOLINI

DI PASTA SHOP MERANO CON POMODORINI PACHINO E MOLCHE DI AGRARIA RIVA DEL GARDA, CON DADINI DI CASOLET DELLA VAL DI SOLE

Tempo di preparazione: *10 minuti*
Tempo di cottura: *10 minuti*

In una padella fare soffriggere i pomodorini pachino tagliati a quarti con un filo di olio extravergine d'oliva e una noce di burro e, dopo che si siano appassiti, aggiungere un cucchiaino da caffè di Molche. Nel frattempo cuocere i Tagliolini in acqua salata per circa 6/7 minuti, per poi ultimare la cottura in padella con la salsa. Tagliare a dadini piccoli il formaggio Casolet. Impiattare i tagliolini ben amalgamati con la salsa e finire con la dadolata di Casolet. Guarnire con del prezzemolo tagliato finemente.

INGREDIENTI

200 g di Tagliolini all'uovo (Pasta Shop Merano)

100 g di pomodorini pachino

1 cucchiaino di Molche (Agraria Riva del Garda)

Olio extravergine d'oliva Imperiale DOP (Agraria Riva del Garda)

50 g di burro

100 g di formaggio Casolet della Val di Sole

TRENTINO ROSATO DOC

Athesim Flumen CANTINA ALDENO

TAGLIOLINI FROM THE PASTA SHOP MERANO WITH PACHINO CHERRY TOMATOES AND MOLCHE OLIVE PASTE BY AGRARIA RIVA DEL GARDA, WITH CUBES OF CASOLET CHEESE FROM VAL DI SOLE

INGREDIENTS
200 g egg tagliolini (Pasta Shop Merano)
100 g pachino cherry tomatoes
1 tsp Molche olive paste (Agraria Riva del Garda)
Imperiale DOP extra virgin olive oil (Agraria Riva del Garda)
50 g butter
100 g Casolet cheese from Val di Sole

In a pan, lightly fry the cherry tomatoes, cut into quarters, with a drizzle of extra virgin olive oil and a knob of butter. Once softened, add a teaspoon of Molche olive paste. In the meantime, cook the tagliolini in salted water for 6-7 minutes and then toss in the pan with the sauce. Cut the Casolet cheese into small cubes. Mix the tagliolini well with the sauce and serve with the diced Casolet cheese. Garnish with some finely chopped parsley.

Preparation time: *10 minutes*
Cooking time: *10 minutes*

TAGLIOLINI-NUDELN AUS DEM PASTA SHOP IN MERAN MIT PACHINO-COCKTAILTOMATEN UND MOLCHE-OLIVENPASTE VON AGRARIA RIVA DEL GARDA, MIT CASOLET-KÄSEWÜRFELN AUS DEM VAL DI SOLE

ZUTATEN
200 g Tagliolini-Nudeln aus Eierteig (Pasta Shop in Meran)
100 g Pachino-Cocktailtomaten
1 Teelöffel Molche-Olivenpaste (Agraria Riva del Garda)
extranatives Imperiale DOP-Olivenöl (Agraria Riva del Garda)
50 g Butter
100 g Casolet-Käse des Val di Sole

Zubereitungszeit: *10 Minuten*
Garzeit: *10 Minuten*

Braten Sie in einer Pfanne die geviertelten Cocktailtomaten mit etwas extranativem Olivenöl und einem nussgroßen Stück Butter an und wenn sie weich sind, geben Sie einen Kaffeelöffel Molche-Olivenpaste hinzu. In der Zwischenzeit kochen Sie die Tagliolini-Nudeln ca. 6/7 Minuten lang in Salzwasser, um sie dann in der Pfanne mit der Sauce fertig zu garen. Schneiden Sie den Casolet-Käse in kleine Würfel. Geben Sie die mit der Sauce gut verrührten Tagliolini-Nudeln auf den Teller und verfeinern Sie mit den Casolet-Käsewürfeln. Garnieren Sie mit fein gehackter Petersilie.

TORTELLI DI PASTA VERDE

AL FILETTO DI MAIALINO CON MOSTARDA DI MELE GRANNY SMITH LATRENTINA E TRENTINGRANA

Tempo di preparazione: *1 ora*
Tempo di cottura: *20 minuti*

Mettere in un frullatore i rossi d'uovo e gli spinaci lessati, e frullare molto bene; incorporare il tutto in un robot da cucina con la Farina bianca di Storo e una presa di sale. Fare rosolare in una casseruola il filetto di maialino con le verdure tagliate a dadini e un filo di olio extravergine di oliva, aggiustando di sale; a fine cottura passare il tutto in un tritacarne. Amalgamare al macinato il Trentingrana grattugiato e le uova intere. Stendere la pasta molto sottile e, con l'ausilio di una rotella, ricavare dei quadrati per realizzare i tortelli. Portarli in cottura in acqua salata e nel frattempo, in una padella antiaderente, portare a fusione la noce di burro e la mostarda di mele, tagliata precedentemente a dadini molto piccoli. Saltare i tortelli, adagiarli su un piatto da portata e finire con del Trentingrana.

INGREDIENTI

Per la pasta:
500 g Farina bianca di Storo (tipo 1)
15 rossi d'uovo
100 g di spinaci lessati
Per la farcia:
300 g di filetto di maialino (Federazione Provinciale Allevatori Trento)
1 carota
1 cipolla della Val di Gresta
Olio Extravergine di oliva Garda DOP
100 g di Trentingrana
2 uova intere
100 g di mostarda di mela Granny Smith LaTrentina
50 g di burro
sale fino q.b.
sale grosso q.b.

S. ZENO BIANCO

Esclusivi CANTINA ALDENO

GREEN TORTELLI STUFFED WITH SUCKLING PIG FILLET AND LATRENTINA GRANNY SMITH APPLE MOSTARDA AND TRENTINGRANA CHEESE

INGREDIENTS
For the pasta: 500 g white Storo flour (type 1)
15 egg yolks
100 g boiled spinach
For the filling: 300 g suckling pig fillet (Trento Provincial Farmers' Federation)
1 carrot
1 Val di Gresta onion
Garda DOP extra virgin olive oil
100 g Trentingrana cheese
2 whole eggs
100 g LaTrentina Granny Smith apple mostarda
50 g butter
table salt to taste
coarse salt to taste

Preparation time: *1 hour*
Cooking time: *20 minutes*

Put the egg yolks and boiled spinach in a blender and blend well. Put the mixture in a food processor with the white Storo flour and a pinch of salt and blend together. In a casserole dish, brown the suckling pig fillet with the diced vegetables and a drizzle of extra virgin olive oil and season with salt. Once cooked, pass everything through a mincer. Mix the Trentingrana cheese and the whole eggs in with the mince. Roll out the pasta very thinly. Using a dough cutter, cut out some square shapes to make the tortelli. Cook in salted water and, in the meantime, melt a knob of butter with the finely diced apple mostarda in a non-stick pan. Toss the tortelli in the pan and place on a serving dish. Garnish with some Trentingrana cheese.

TORTELLI-TEIGTASCHEN AUS GRÜNEM TEIG MIT FERKELFILET, GRANNY SMITH LATRENTINA-APFELSCHEIBEN IN SENFSIRUP UND TRENTINGRANA-KÄSE

ZUTATEN
Für den Teig: 500 g Weißmehl aus Storo (Typ 1)
15 Eidotter
100 g gekochte Spinatblätter
Für die Füllung: 300 g Ferkelfilet (Viehzüchterverband der Provinz Trient)
1 Karotte
1 Zwiebel aus dem Val di Gresta
extranatives Garda DOP-Olivenöl
100 g Trentingrana-Käse
2 ganze Eier
100 g Granny Smith LaTrentina-Apfelscheiben in Senfsirup
50 g Butter
Salz nach Belieben
grobes Salz nach Belieben

Geben Sie die Eidotter und die gekochten Spinatblätter in den Mixer und mixen sie alles sehr sorgfältig. Vermengen Sie alles mit dem Weißmehl aus Storo und einer Prise Salz in einer Küchenmaschine. Braten Sie das Ferkelfilet mit dem würfelig geschnittenen Gemüse und etwas extranativem Olivenöl an und würzen Sie mit Salz. Wenn alles gar ist, drehen Sie das Fleisch und das Gemüse durch den Fleischwolf. Vermengen Sie das Hackfleisch mit dem geriebenen Trentingrana-Käse und den ganzen Eiern. Rollen Sie den Teig sehr dünn aus und formen Sie mit Hilfe eines Teigrades Quadrate, um so Tortelli-Teigtaschen zu erhalten. Kochen Sie diese in Salzwasser und schmelzen Sie inzwischen in einer Antihaftpfanne ein nussgroßes Stück Butter und die zuvor in sehr kleine Würfel geschnittenen Apfelscheiben in Senfsirup. Schwenken Sie die Tortelli-Teigtaschen in der Pfanne, geben Sie sie auf eine Servierplatte und verfeinern Sie mit dem Trentingrana-Käse.

Zubereitungszeit: *1 Stunde*
Garzeit: *20 Minuten*

TROFIE

DI PASTA SHOP MERANO CON PESTO DI BROCCOLO DI TORBOLE – PRESIDIO SLOW FOOD DI AGRARIA RIVA DEL GARDA

Tempo di preparazione: *10 minuti*
Tempo di cottura: *10 minuti*

Piatto molto semplice e veloce. Per quanto riguarda il Pesto al Broccolo di Torbole, vi è la comodità di poter acquistare il pesto pronto, oppure è possibile prepararlo in casa: in un frullatore incorporare il broccolo scottato, olio extravergine di oliva del Garda Trentino, succo di limone, uno spicchio dell'aglio pelato, le mandorle e una presa di sale; frullare il tutto con cura e mantenere in frigo. Cuocere le trofie in acqua salata e poi, a cottura ultimata, amalgamarle e insaporirle con il Pesto al Broccolo di Torbole.

INGREDIENTI

200 g di Trofie (Pasta Shop Merano)

Pesto al Broccolo di Torbole (Agraria Riva del Garda)

Olio extravergine di Oliva del Garda Trentino (Agraria Riva del Garda)

mandorle

succo di limone

sale q.b.

aglio

TRENTINO DOC MOSCATO GIALLO

Biologico CANTINA ALDENO

TROFIE FROM THE PASTA SHOP MERANO WITH TORBOLE BROCCOLI PESTO – SLOW FOOD PRESIDIUM, BY AGRARIA RIVA DEL GARDA

INGREDIENTS
200 g trofie (Pasta Shop Merano)
Torbole Broccoli Pesto (Agraria Riva del Garda)
Garda Trentino extra virgin olive oil (Agraria Riva del Garda)
almonds
lemon juice
salt to taste
garlic

A really simple and quick dish. With regard to the Torbole Broccoli Pesto, you can easily buy the pesto ready-made or you can make it yourself at home: in a blender, mix together the cooked broccoli, Garda Trentino extra virgin olive oil, lemon juice, a peeled clove of garlic, almonds and a pinch of salt. Carefully blend everything together and leave to stand in the fridge. Boil the trofie in salted water and, once cooked, mix and flavour with the Torbole Broccoli Pesto.

Preparation time: *10 minutes*
Cooking time: *10 minutes*

TROFIE-NUDELN AUS DEM PASTA SHOP IN MERAN MIT PESTO AUS BROKKOLI VON TORBOLE (SLOW FOOD PRESIDIUM) VON AGRARIA RIVA DEL GARDA

ZUTATEN
200 g Trofie-Nudeln (Pasta Shop in Meran)
Pesto aus Brokkoli von Torbole (Agraria Riva del Garda)
extranatives Olivenöl der Region Garda Trentino (Agraria Riva del Garda)
Mandeln
Zitronensaft
Salz nach Belieben, Knoblauch

Sehr einfaches und schnelles Gericht. Das Pesto aus Brokkoli von Torbole kann bequem als fertige Pestosauce gekauft werden oder selbst zubereitet werden: Geben Sie den kurz gebratenen Brokkoli, das extranative Olivenöl der Region Garda Trentino, den Zitronensaft und eine geschälte Knoblauchzehe, sowie die Mandeln und eine Prise Salz in den Mixer. Mixen Sie alles sorgfältig und stellen Sie das Pesto kalt. Kochen Sie die Trofie-Nudeln in Salzwasser und vermischen und würzen Sie sie, sobald sie gar sind, mit dem Pesto aus Brokkoli von Torbole.

Zubereitungszeit: *10 Minuten*
Garzeit: *10 Minuten*

SECONDI PIATTI

SECOND COURSES / ZWEITE GÄNGE

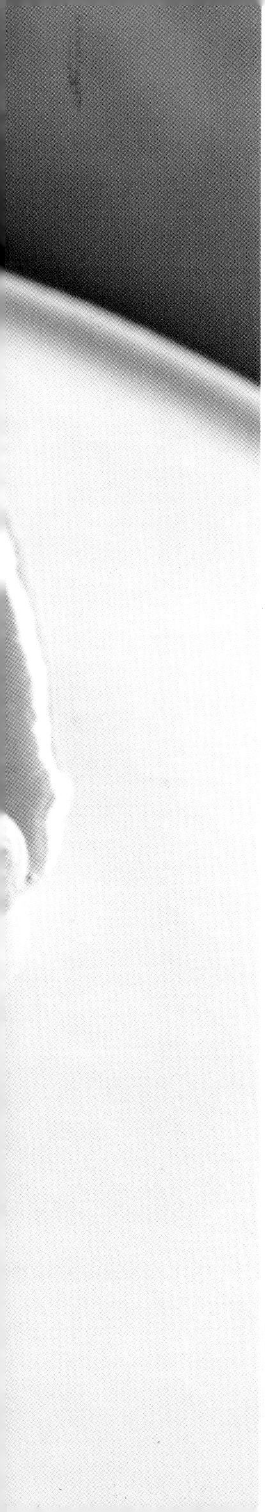

CARRÉ DI AGNELLO

AL FORNO IN CROSTA DI MARRONI DI CASTIONE CON SALSA DI GLASSA DI ACETO DI MELE BIO MELINDA E PATATE AL FORNO

Tempo di preparazione: *30 minuti*
Tempo di cottura: *30 minuti*

In una casseruola, rosolare con un filo di Olio extravergine di Oliva del Garda Trentino e un pizzico di sale il carré di agnello, precedentemente senapato. Tagliare le patate a dadini piccoli, sbianchirle in acqua salata per poi finire la cottura in forno a 180°C per 20 minuti, con un filo di Olio extravergine di Oliva del Garda Trentino e il ramo di rosmarino. Terminata la cottura delle patate e dell'agnello, finire l'agnello senapandolo e poi facendo attecchire la granella di Marroni di Castione. Disporre le patate sul piatto. Adagiare il carré di agnello scaloppato e mescolare la salsa di cottura dell'agnello con la Glassa di aceto di mele bio Melinda per guarnire il piatto.

INGREDIENTI

200 g di carré di agnello
1 cucchiaio di senape
Olio extravergine di Oliva del Garda Trentino (Agraria Riva del Garda)
100 g di Marroni di Castione (caldarroste tritate)
Glassa di aceto di mele bio Melinda q.b.
200 g di patate
1 ramo di rosmarino

PINOT NERO TRENTINO DOC

Esclusivi CANTINA ALDENO

ROASTED LAMB LOIN WITH A CASTIONE CHESTNUT CRUST AND ORGANIC MELINDA APPLE VINEGAR GLAZE, SERVED WITH ROAST POTATOES

INGREDIENTS
200 g lamb loin
1 tbsp mustard
Garda Trentino extra virgin olive oil (Agraria Riva del Garda)
100 g Castione Chestnuts (roasted and minced)
organic Melinda apple vinegar glaze to taste
200 g potatoes
1 sprig of rosemary

Preparation time: *30 minutes*
Cooking time: *30 minutes*

In a casserole dish, brown the lamb loin, previously covered in mustard, with a drizzle of Garda Trentino extra virgin olive oil and a pinch of salt. Chop the potatoes into small cubes, blanch in salted water and cook in the oven at 180°C for 20 minutes, with a drizzle of Garda Trentino extra virgin olive oil and the sprig of rosemary. Once the potatoes and the lamb are cooked, cover the lamb in mustard and sprinkle over the pieces of Castione Chestnuts. Arrange the potatoes on the plate. Place the lamb with crust on top and mix the cooking sauce of the lamb with the organic Melinda apple vinegar glaze to garnish the plate.

IM OFEN GEBACKENES LAMMKARREE IM MANTEL AUS MARONEN VON CASTIONE MIT MELINDA-BIO-APFELESSIG-SAUCE UND BACKKARTOFFELN

ZUTATEN
200 g Lammkarree
1 Löffel Senf
extranatives Olivenöl der Region Garda Trentino (Agraria Riva del Garda)
100 g Maronen aus Castione (gehackte und geröstete Kastanien)
Melinda-Bio-Apfelessig nach Belieben
1 Zweig Rosmarin

Zubereitungszeit: *30 Minuten*
Garzeit: *30 Minuten*

Braten Sie in einer Kasserolle mit etwas extranativem Olivenöl aus der Region Garda Trentino und einer Prise Salz das vorher mit Senf bestrichene Lammkarree. Schneiden Sie die Kartoffeln in kleine Würfel, blanchieren Sie sie in Salzwasser, um sie dann bei 180°C im Backofen 20 Minuten lang mit etwas extranativem Olivenöl der Region Garda Trentino und dem Zweig Rosmarln fertigzubacken. Wenn die Kartoffeln und das Lamm gar sind, bestreichen Sie das Lamm mit Senf und geben Sie die gehackten Maronen aus Castione darauf. Verteilen Sie die Kartoffeln auf dem Teller. Geben Sie das gebratene Lammkarree dazu und vermischen Sie die Bratensauce des Lamms mit der Melinda-Bio-Apfelessig-Sauce, um das Gericht zu garnieren.

COTOLETTA DI VITELLO

IMPANATA ALLA FARINA GIALLA DI STORO E BROCCOLI DI TORBOLE – PRESIDIO SLOW FOOD

Tempo di preparazione: *20 minuti*
Tempo di cottura: *20 minuti*

Prendere le fettine di fesa di vitello, batterle in maniera uniforme e impanarle con la farina bianca e le uova sbattute e salate, e finire con la farina Gialla di Storo. Pulire il broccolo, sbollentare in acqua salata per poi raffreddarlo in acqua e ghiaccio. In una padella antiaderente aggiungere l'olio extravergine di Oliva del Garda Trentino e una noce di burro, rosolare molto bene da entrambe le parti la cotoletta e aggiustare di sale. Ripassare il broccolo in padella con una noce di burro e un pizzico di sale. Impiattare il broccolo con la cotoletta croccante.

INGREDIENTI

200 g di fesa di vitello a fettine (Federazione Provinciale Allevatori Trento)

150 g di Farina bianca di Storo (tipo 1)

150 g di Farina gialla di Storo

4 uova

50 g di Burro Trentino

200 g di Broccolo di Torbole – presidio Slow Food

Olio extravergine di Oliva del Garda Trentino (Agraria Riva del Garda)

sale

TEROLDEGO IGT

Athesim Flumen CANTINA ALDENO

BREADED VEAL CUTLET WITH YELLOW STORO FLOUR AND TORBOLE BROCCOLI - SLOW FOOD PRESIDIUM

INGREDIENTS
200 g sliced veal rump (Trento Provincial Farmers' Federation)
150 g white Storo flour (type 1)
150 g yellow Storo flour
4 eggs
50 g Trentino butter
200 g Torbole broccoli – Slow Food presidium
Garda Trentino extra virgin olive oil (Agraria Riva del Garda)
salt

Preparation time: *20 minutes*
Cooking time: *20 minutes*

Evenly beat the slices of veal rump and coat with the white flour, beaten and salted eggs and, finally, the yellow Storo flour. Clean the broccoli, blanch in salted water and then cool in water and ice. In a non-stick pan, add the extra virgin olive oil and knob of butter, brown the cutlet well on both sides and season with salt. Toss the broccoli in a pan with a knob of butter and a pinch of salt. Serve the broccoli with the crunchy cutlet.

KALBSSCHNITZEL PANIERT MIT GELBEM MEHL AUS STORO UND BROKKOLI AUS TORBOLE (SLOW FOOD PRESIDIUM)

ZUTATEN
200 g in Scheiben geschnittene Kalbsnuss (Viehzüchterverband der Provinz Trient)
150 g Weißmehl aus Storo (Typ 1)
150 g gelbes Mehl aus Storo
4 Eier
50 g Trentino-Butter
200 g Brokkoli aus Torbole (Slow Food presidium)
extranatives Olivenöl aus der Region Garda Trentino (Agraria Riva del Garda)
Salz

Zubereitungszeit: *20 Minuten*
Garzeit: *20 Minuten*

Nehmen Sie die Scheiben der Kalbsnuss, klopfen Sie sie gleichmäßig und panieren Sie sie mit dem Weißmehl, den zerschlagenen und gesalzenen Eiern und schließlich mit dem gelben Mehl aus Storo. Waschen Sie den Brokkoli, blanchieren Sie ihn in Salzwasser und lassen Sie ihn in Wasser mit Eis abkühlen. Geben Sie das extranative Olivenöl und ein nussgroßes Stück Butter in eine Antihaftpfanne, backen Sie die Schnitzel sorgfältig auf beiden Seiten und würzen Sie sie mit Salz. Erhitzen Sie den Brokkoli in einer Pfanne mit einem nussgroßen Stück Butter und einer Prise Salz. Geben Sie den Brokkoli mit dem knusprigen Schnitzel auf den Teller.

GALLETTO ALLA BIRRA

GOLDEN ALE SU CAVOLO CAPPUCCIO BRASATO, MELA RED DELICIOUS MELINDA E SPECK CROCCANTE

Tempo di preparazione: *20 minuti*
Tempo di cottura: *25 minuti*

In una padella antiaderente fare rosolare il galletto disossato, spennellato con la senape, e un filo di olio extravergine di oliva e una presa di sale. In una padella antiaderente alta fare rosolare lo speck a dadini con un filo di olio extravergine di oliva, aggiungere il cavolo cappuccio tagliato finemente e le mela Red Delicious Melinda tagliata a dadini; cuocere per circa 20 minuti, tenendo sempre coperto, per arrivare a stufare il tutto in maniera uniforme. Quando il galletto è ben dorato, bagnare con la birra Golden Ale e farla restringere. Disporre il cavolo cappuccio brasato con lo speck e la mela Red Delicious Melinda e adagiarvi il galletto dorato. Nappare il galletto con la salsa alla birra ristretta.

INGREDIENTI

1 galletto disossato
1 cucchiaio di senape
sale q.b.
Olio extravergine di Oliva del Garda Trentino (Agraria Riva del Garda)
33 cl di birra Golden Ale (Viess Beer)
150 g di cavolo cappuccio
1 mela Red Delicious Melinda
100 g di speck (Federazione Provinciale Allevatori Trento)

MERLOT TRENTINO DOC

Athesim Flumen CANTINA ALDENO

COCKEREL IN GOLDEN ALE BEER ON A BED OF BRAISED CABBAGE, RED DELICIOUS MELINDA APPLE AND CRUNCHY SPECK

INGREDIENTS
1 boned cockerel
1 tbsp mustard
salt to taste
Garda Trentino extra virgin olive oil (Agraria Riva del Garda)
33 cl Golden Ale beer (Viess Beer)
150 g cabbage
1 Red Delicious Melinda apple
100 g speck (Trento Provincial Farmers' Federation)

Preparation time: *20 minutes*
Cooking time: *25 minutes*

Coat the boned cockerel with the mustard and brown in a non-stick pan with a drizzle of extra virgin olive oil and a pinch of salt. In a high-rimmed, non-stick pan, brown the diced speck with a drizzle of extra virgin olive oil, add the finely chopped cabbage and the diced Red Delicious Melinda apple. Cover and cook for approximately 20 minutes, so that the mixture stews evenly. Once the cockerel is golden brown, pour over the Golden Ale beer and reduce. Arrange the braised cabbage with speck and Red Delicious Melinda apple on a plate and place the browned cockerel on top. Pour the reduced beer sauce over the cockerel and serve.

HÄHNCHEN MIT GOLDEN ALE-BIER AUF GESCHMORTEM KOPFKOHL, RED DELICIOUS MELINDA -APFEL UND KNUSPRIGEM RÄUCHERSPECK

ZUTATEN
1 entbeintes Hähnchen
1 Löffel Senf
Salz nach Belieben
extranatives Olivenöl aus der Region Garda Trentino (Agraria Riva del Garda)
33 cl Golden Ale-Bier (Viess Beer)
150 g Kopfkohl
1 Red Delicious Melinda -Apfel
100 g Räucherspeck (Viehzüchterverband der Provinz Trient)

Braten Sie das entbeinte, mit Senf bestrichene Hähnchen in einer Pfanne mit etwas extranativem Olivenöl und einer Prise Salz. Bräunen sie in einer hohen Antihaftpfanne den würfelig geschnittenen Räucherspeck mit etwas extranativem Olivenöl und geben Sie den fein geschnittenen Kopfkohl und den würfelig geschnittenen Red Delicious Melinda -Apfel dazu. Braten Sie alles ca. 20 Minuten lang mit einem Deckel, damit alles gleichmäßig geschmort wird. Wenn das Hähnchen schön braun ist, löschen Sie es mit dem Golden Ale-Bier ab und lassen Sie es einkochen. Verteilen Sie den geschmorten Kopfkohl mit dem Räucherspeck und dem Red Delicious Melinda -Apfel auf dem Teller und geben Sie auch das gebratene Hähnchen dazu. Überziehen Sie das Hähnchen mit der eingekochten Biersauce.

Zubereitungszeit: *20 Minuten*
Garzeit: *25 Minuten*

LA MIA CODA

ALLA VACCINARA CON PURÈ DI PATATE DI RONZONE, GALLETTE DI STORO E PEPERÒ CONDIMENTO AL PEPERONCINO DI AGRARIA RIVA DEL GARDA

Tempo di preparazione: *45 minuti*
Tempo di cottura: *2 ore e 30 minuti*

In una pentola alta fare rosolare molto bene i tranci di coda di bue ripassati in farina con l'olio extravergine al peperoncino. Aggiungere le verdure pulite e tagliate finemente e i pomodorini, l'aglio e il vino rosso Trentino Lagrein e lasciare cuocere lentamente per circa 2 ore e mezza. Nel frattempo, mettere a cuocere le patate in acqua bollente salata per poi scolarle, lavorarle col passaverdure e mantecare con il latte intiepidito e la noce di burro. Disporre il purè a gnocchi e aggiungere la coda, per poi nappare con la salsa.

INGREDIENTI

200 g di coda di bue tranciata
1 carota
2 cipolle della Val di Gresta
2 gambi di sedano
200 g di pomodorini pachino
50 g di Farina bianca di Storo (tipo 1)
500 ml di vino rosso Trentino Lagrein (Cantina Aldeno)
1 spicchio di aglio
Peperò condimento al peperoncino (Agraria Riva del Garda) q.b.
200 g di patate
100 g di latte
1 noce di burro
sale q.b.

LAGREIN TRENTINO DOC

Athesim Flumen CANTINA ALDENO

MY OXTAIL STEW WITH RONZONE POTATO PUREE AND STORO CRACKERS, SERVED WITH PEPERÒ CHILLI DRESSING BY AGRARIA RIVA DEL GARDA

INGREDIENTS
200 g sliced oxtail
1 carrot
2 Val di Gresta onions
2 sticks of celery
200 g cherry tomatoes
50 g white Storo flour (type 1)
500 ml Trentino Lagrein red wine (Aldeno winery)
1 garlic clove
Peperò chilli dressing (Agraria Riva del Garda) to taste
200 g potatoes
100 g milk
1 knob of butter
salt to taste

Preparation time: *45 minutes*
Cooking time: *2 hours and 30 minutes*

Cover the oxtail slices in flour and brown well in a high-rimmed pan with some chilli-infused extra virgin olive oil. Add the cleaned and finely chopped vegetables and the cherry tomatoes, garlic and Trentino Lagrein red wine. Leave to cook slowly for approximately two and a half hours. In the meantime, cook the potatoes in salted boiling water and then drain and mash, stirring in the warm milk and knob of butter. Shape the mash into dumplings and arrange on the plate together with the oxtail, covering in the sauce.

MEIN OCHSENSCHWANZ MIT PÜREE AUS KARTOFFELN VON RONZONE, MAISWAFFELN AUS STORO UND PEPERÒ-SAUCE MIT PFEFFERSCHOTE AUS AGRARIA RIVA DEL GARDA

ZUTATEN
200 g geschnittener Ochsenschwanz
1 Karotte
2 Zwiebel aus dem Val di Gresta
2 Stangen Sellerie
200 g Pachino-Cocktailtomaten
50 g Weißmehl aus Storo (Typ 1)
500 ml Rotwein Trentino Lagrein (Weinkeller Aldeno)
1 Knoblauchzehe
Peperò-Sauce mit Pfefferschote (Agraria Riva del Garda) nach Belieben
200 g Kartoffeln
100 g Milch
1 nussgroßes Stück Butter
Salz nach Belieben

Zubereitungszeit: *45 Minuten*
Garzeit: *2 Stunden und 30 Minuten*

Braten Sie in einer hohen Pfanne die in Mehl getunkten Ochsenschwanzstücke mit extranativem Olivenöl mit Pfefferschote gut ab. Geben Sie das gewaschene und fein geschnittene Gemüse sowie die Cocktailtomaten, den Knoblauch und den Rotwein Trentino Lagrein hinzu und lassen Sie alles ca. 2 ½ Stunden langsam garen. Kochen Sie inzwischen die Kartoffeln in Salzwasser und lassen Sie sie dann abtropfen. Passieren Sie sie und rühren Sie dann die lauwarme Milch und ein nussgroßes Stück Butter dazu Ordnen Sie das Püree als Klöße an und geben Sie den Ochsenschwanz hinzu, um alles mit der Sauce zu überziehen.

MEDAGLIONI DI FILETTO

DI VITELLO CON VEZZENA DEL TRENTINO, PURÈ DI CASTAGNE DI CASTIONE E MOLCHE DI AGRARIA RIVA DEL GARDA

Tempo di preparazione: *30 minuti*
Tempo di cottura: *15 minuti*

Mettere a cuocere in acqua leggermente salata le patate pelate e tagliate a dadini con le castagne pelate e portare a cottura. Nel frattempo versare un filo di olio extravergine di oliva e una noce di Burro in una padella antiaderente e dorare il filetto di vitello tagliato a medaglioni, precedentemente infarinato. Rosolare per circa 4 minuti per parte e, per finire, adagiarvi sopra delle fettine di Vezzena del Trentino; portare a parziale fusione, tenendo coperto. Passare attraverso un passaverdure le patate con le castagne e mantecare con una noce di burro, sale e il latte intiepidito, fino a ottenere un purè cremoso. Formare con dei cucchiai degli gnocchi con il purè e adagiarli sul piatto, affiancare ai medaglioni di vitello il Vezzena del Trentino e deglassare la salsa rimasta con l'aggiunta di Molche, per ottenere una salsa con cui nappare la carne.

INGREDIENTI

200 g di filetto di vitello (Federazione Provinciale Allevatori Trento)

Farina bianca di Storo (tipo 1) q.b.

Olio extravergine di Oliva del Garda Trentino

1 cucchiaino di Molche (Agraria Riva del Garda)

2 noci di burro

100 g di polpa di Castagne di Castione

100 g di patate

50 g di latte

200 g di Vezzena del Trentino

LAGREIN

Biologico CANTINA ALDENO

VEAL FILLET MEDALLIONS WITH VEZZENA DEL TRENTINO CHEESE, CASTIONE CHESTNUTS PUREE AND MOLCHE OLIVE PASTE BY AGRARIA RIVA DEL GARDA

INGREDIENTS
200 g veal fillet (Trento Provincial Farmers' Federation)
white Storo flour (type 1) as required
Garda Trentino extra virgin olive oil
1 tsp Molche olive paste (Agraria Riva del Garda)
2 knobs of butter
100 g Castione chestnut flesh
100 g potatoes
50 g milk
200 g Vezzena del Trentino cheese

Cook the peeled and diced potatoes in slightly salted water with the peeled chestnuts. In the meantime, cut the veal fillet into medallions, coat in flour and brown in a non-stick pan with a drizzle of extra virgin olive oil and a knob of butter. Brown for approximately 4 minutes per side and, lastly, place the slices of Vezzena del Trentino cheese on top. Cover and allow the cheese to melt slightly. Mash the potatoes with the chestnuts and stir in a knob of butter, salt and the warm milk to make a creamy puree. Use two tablespoons to make dumpling shapes with the puree, arrange on a plate and place the veal medallions with the Vezzena del Trentino cheese alongside them. Add the Molche olive paste to the remaining sauce to make a glaze and pour over the meat.

Preparation time: *30 minutes*
Cooking time: *15 minutes*

KALBSFILETMEDAILLONS MIT VEZZENA DEL TRENTINO-KÄSE, PÜREE AUS KASTANIEN VON CASTIONE UND MOLCHE-OLIVENPASTE VON AGRARIA RIVA DEL GARDA

ZUTATEN
200 g Kalbsfilet (Viehzüchterverband der Provinz Trient)
Weißmehl aus Storo (Typ 1) nach Belieben
extranatives Olivenöl aus der Region Garda Trentino
1 Teelöffel Molche-Olivenpaste (Agraria Riva del Garda)
2 nussgroße Stücke Butter
100 g Kastanien aus Castione
100 g Kartoffeln
50 g Milch
200 g Vezzena del Trentino -Käse

Zubereitungszeit: *30 Minuten*
Garzeit: *15 Minuten*

Kochen Sie die geschälten und würfelig geschnittenen Kartoffeln in leicht gesalzenem Wasser mit den geschälten Kastanien. Inzwischen geben Sie etwas extranatives Olivnöl und ein nussgroßes Stück Butter in eine Antihaftpfanne und braten Sie das in Medaillons geschnittene und zuvor in Mehl getauchte Kalbsfilet. Lassen Sie es ca. 4 Minuten auf jeder Seite schmoren und geben Sie schließlich die Vezzena del Trentino-Käsescheiben darauf. Lassen Sie bei geschlossenem Deckel den Käse teilweise schmelzen. Passieren Sie die Kartoffeln mit den Kastanien und rühren Sie ein nussgroßes Stück Butter, Salz und lauwarme Milch dazu, bis sie ein cremiges Püree erhalten. Formen Sie mit Hilfe eines Löffels Klöße aus dem Püree und geben Sie sie auf den Teller. Daneben ordnen Sie die Kalbsmedaillons mit dem Vezzena del Trentino-Käse an und deglacieren Sie den übrig gebliebenen Saft mit Zugabe von Molche-Olivenpaste, um eine Sauce zu erhalten, die Sie über das Fleisch gießen.

MILLEFOGLIE DI TOSELLA

DI PRIMIERO CON PANTRENTINO E PATÉ DI OLIVE DI AGRARIA RIVA DEL GARDA

Tempo di preparazione: *20 minuti*
Tempo di cottura: *15 minuti*

Tagliare in quadrati uguali (di 10 cm di lato) il prosciutto cotto, la Tosella di Primiero e il Pantrentino dello spessore di 1 cm. Per prima cosa, passare alla piastra la Tosella di Primiero e dorarla da entrambe le parti. Passare velocemente il Pantrentino nel latte e le uova sbattute. Quindi, su una teglia, intervallare Pantrentino inzuppato, spalmare il Paté di olive, il prosciutto cotto e la Tosella dorata. Ripetere l'operazione 2 volte, fino a ottenere una piccola piramide da passare successivamente in forno a 180°C per circa 15 minuti. Disporre al centro del piatto e decorare con il Paté di olive.

INGREDIENTI

200 g di Tosella di Primiero
200 g di Pantrentino (Associazione Panificatori Provincia di Trento)
30 g di Paté di olive (Agraria Riva del Garda)
100 g di prosciutto cotto
50 g di Latte Trentino
1 uovo intero

PINOT NERO

Biologico CANTINA ALDENO

TOSELLA DI PRIMIERO CHEESE MILLE-FEUILLE WITH PANTRENTINO BREAD AND OLIVE PÂTÉ BY AGRARIA RIVA DEL GARDA

INGREDIENTS
200 g Tosella di Primiero cheese
200 g Pantrentino bread (Trento Province Bakers' Association)
30 g olive pâté (Agraria Riva del Garda)
100 g cooked ham
50 g Trentino milk
1 whole egg

Preparation time: *20 minutes*
Cooking time: *15 minutes*

Cut the cooked ham into equal squares (10 cm long), together with the Tosella di Primiero cheese and the Pantrentino bread with a thickness of 1 cm. First, grill the Tosella di Primiero cheese, browning on both sides. Quickly dip the Pantrentino bread in the milk and the beaten eggs. Then, place a layer of soaked Pantrentino bread on a baking tray, spread with olive pâté then place the cooked ham and browned Tosella cheese on top. Repeat 2 times to create a small pyramid then bake in the oven at 180°C for approximately 15 minutes. Place in the centre of the plate and decorate with olive pâté.

AUFLAUF AUS TOSELLA-KÄSE AUS PRIMIERO MIT PANTRENTINO-BROT UND OLIVENPATÈ VON AGRARIA RIVA DEL GARDA

ZUTATEN
200 g Tosella-Käse aus Primiero
200 g Pantrentino-Brot (Bäckervereinigung der Provinz Trient)
30 g Olivenpaté (Agraria Riva del Garda)
100 g Schinken
50 g Trentino-Milch
1 ganzes Ei

Zubereitungszeit: *20 Minuten*
Garzeit: *15 Minuten*

Schneiden Sie den Schinken, den Tosella-Käse aus Primiero und das 1-cm-dicke Pantrentino-Brot in gleichmäßige (10-cm-lange) Quadrate. Braten Sie zuerst den Tosella-Käse aus Primiero auf beiden Seiten an. Tauchen Sie kurz das Pantrentino-Brot in die Milch und die verrührten Eier. Geben Sie schließlich auf ein Backblech abwechselnd das getunkte Pantrentino-Brot, streichen Sie das Olivenpaté darauf, den Schinken und den gebratenen Tosella-Käse. Wiederholen Sie den Vorgang zwei Mal, bis Sie eine kleine Pyramide erhalten, die Sie schließlich ca. 15 Minuten lang bei 180°C im Ofen backen. Geben Sie sie dann in die Tellermitte und dekorieren Sie mit dem Olivenpaté.

SARDE DEL LAGO DI GARDA

AFFUMICATE SU INSALATINA DI MELA EVELINA MELINDA E VERDURE GRIGLIATE ALL'ULIVA DOP DI AGRARIA RIVA DEL GARDA

Tempo di preparazione: *30 minuti*
Tempo di cottura: *15 minuti*

Pulire le sarde ed eviscerarle, lavarle sotto l'acqua corrente, disporle su una griglia in maniera uniforme e, sulla base di una padella, bruciare i granelli di legno di pino mugo per ottenere un fumo leggero; sopra alla pentola disporre la griglia con le sarde e coprire con un coperchio per circa 30 minuti. In seguito, togliere le sarde e disporle delicatamente in una vaschetta, coprendole con l'olio extravergine d'oliva e con aromi vari e pepi. Grigliare le verdure in maniera omogenea, aggiungendo una mela Evelina Melinda tagliata a listarelle, e condire il tutto con olio extravergine d'oliva e sale. Disporre le verdure e la mela Evelina Melinda sulla base del piatto, e adagiarvi sopra le sarde affumicate e marinate.

INGREDIENTI

100 g di sarde fresche del Lago di Garda
1 mela Evelina Melinda
1 zucchina
1 radicchio
5 pomodorini pachino
Pepi speciali (Pasta Shop Merano)
Olio extravergine d'oliva Uliva DOP (Agraria Riva del Garda)
trucioli di legno di pino mugo

PINOT NERO

Biologico CANTINA ALDENO

SMOKED SARDINES FROM LAKE GARDA ON A BED OF MELINDA EVELINA APPLE AND GRILLED VEGETABLES WITH ULIVA DOP BY AGRARIA RIVA DEL GARDA

INGREDIENTS
100 g fresh sardines from Lake Garda
1 Melinda Evelina apple
1 courgette
1 radicchio
5 cherry tomatoe
Special pepper (Pasta Shop Merano)
Uliva DOP extra virgin olive oil (Agraria Riva del Garda)
mountain pine shavings

Clean and gut the sardines, wash them under running water and evenly place them on a grill. Burn the pieces of mountain pine wood in the base of a pan to create a light smoke. Place the grill with the sardines on top of the pan and cover with a lid for approximately 30 minutes.
Afterwards, remove the sardines and arrange delicately in a tub, covering with extra virgin olive oil, a range of aromas and special pepper. Evenly grill the vegetables, adding a Melinda Evelina apple cut into strips, and dress everything with extra virgin olive oil and salt. Arrange the vegetables and the Melinda Evelina apple on the bottom of the plate and place the smoked and marinated sardines on top.

Preparation time: *30 minutes*
Cooking time: *15 minutes*

GERÄUCHERTE SARDINEN AUS DEM GARDASEE AUF EVELINA MELINDA-APFEL-SALAT UND GEGRILLTEM GEMÜSE MIT ULIVA DOP-OLIVENÖL VON AGRARIA RIVA DEL GARDA

ZUTATEN
100 g frische Sardinen aus dem Gardasee
1 Evelina Melinda -Apfel
1 Zucchini
1 Radicchio
5 Pachino-Cocktailtomaten
Spezialpfeffer (Pasta Shop in Meran)
extranatives Uliva DOP-Olivenöl (Agraria Riva del Garda)
Latschenkiefernholzspäne

Zubereitungszeit: *30 Minuten*
Garzeit: *15 Minuten*

Säubern Sie die Sardinen und nehmen Sie sie aus, waschen Sie sie dann unter fließendem Wasser. Verteilen Sie sie gleichmäßig auf einem Bratrost, verbrennen Sie in einer Pfanne die Latschenkiefernholzspäne, um einen leichten Rauch zu erzeugen. Geben Sie den Bratrost mit den Sardinen darüber und decken Sie mit einem Deckel ca. 30 Minuten ab. Nehmen Sie dann die Sardinen herunter und geben Sie sie vorsichtig in eine Schüssel, wobei Sie sie mit extranativem Olivenöl sowie verschiedenen Aromen und Pfeffer bedecken. Grillen Sie das Gemüse gleichmäßig und mengen Sie einen in Streifen geschnittenen Evelina Melinda -Apfel bei. Würzen Sie dann alles mit extranativem Olivenöl und Salz. Geben Sie das Gemüse und den Evelina Melinda-Apfel auf einen Teller und verteilen Sie darauf die geräucherten und marinierten Sardinen.

SCOTTONA CON ASPARAGI

BIANCHI DI ZAMBANA,
MOSTARDA DI MELA GOLDEN MELINDA
E GLASSA DI ACETO DI MELE BIO MELINDA

Tempo di preparazione: *20 minuti*
Tempo di cottura: *20 minuti*

Pulire gli asparagi e cuocerli in acqua salata, con l'aggiunta dello zucchero e del latte a cottura ultimata; tenere le punte da parte, tagliare le parti rimanenti a rondelle. In una padella antiaderente rosolare la scottona tagliata a listarelle con un filo di olio extravergine di oliva e aggiustare di sale. Disporre le punte degli asparagi a raggiera, intervallando con la mostarda di mele Golden Melinda; saltare in padella con una noce di burro gli asparagi rimanenti, tagliati, e disporli nel centro. Adagiarvi sopra la scottona rosolata e, per finire, deglassare in padella con la Glassa di aceto di mele bio Melinda e nappare la carne.

INGREDIENTI

200 g di scottona (Federazione Provinciale Allevatori Trento)
100 g di Asparagi Bianchi di Zambana
20 ml di latte
10 g di zucchero
Olio extravergine di Oliva del Garda Trentino (Agraria Riva del Garda)
100 g di mostarda di mele Golden Melinda
1 noce di burro
Glassa di aceto di mele bio Melinda
sale fino q.b.

MERLOT RISERVA TRENTINO DOC

Esclusivi CANTINA ALDENO

HEIFER BEEF WITH ZAMBANA WHITE ASPARAGUS, MELINDA GOLDEN APPLE MOSTARDA AND ORGANIC MELINDA APPLE VINEGAR GLAZE

INGREDIENTS
200 g heifer beef (Trento Provincial Farmers' Federation)
100 g Zambana White Asparagus
20 ml milk
10 g sugar
Garda Trentino extra virgin olive oil (Agraria Riva del Garda)
100 g Melinda Golden apple mostarda
1 knob of butter
organic Melinda apple vinegar glaze
table salt to taste

Clean the asparagus and boil in salted water, adding the sugar and milk once cooked. Keep the tips of the asparagus to one side and slice the remaining section into small discs. Cut the beef into strips and brown in a non-stick pan with a drizzle of extra virgin olive oil and season with salt. Arrange the asparagus tips in a sunburst pattern, alternating with the Melinda Golden apple mostarda. Toss the remaining, sliced pieces of asparagus in a pan with a knob of butter and place in the centre. Place the browned beef on top and, to finish, add the organic Melinda apple vinegar glaze to the pan, make a glaze and pour over the meat.

Preparation time: *20 minutes*
Cooking time: *20 minutes*

FÄRSE MIT WEIẞEM SPARGEL AUS ZAMBANA, GOLDEN MELINDA-APFELSCHEIBEN IN SENFSIRUP UND MELINDA-BIO-APFELESSIG-SAUCE

ZUTATEN
200 g Färsenfleisch (Viehzüchterverband der Provinz Trient)
100 g weißer Spargel aus Zambana
20 ml Milch
10 g Zucker
extranatives Olivenöl aus der Region Garda Trentino (Agraria Riva del Garda)
100 g Golden Melinda-Apfelscheiben in Senfsirup
1 nussgroßes Stück Butter
Melinda-Bio-Apfelessig-Sauce
Salz nach Belieben

Zubereitungszeit: 20 Minuten
Garzeit: 20 Minuten

Waschen Sie die Spargel und kochen Sie sie in Salzwasser unter Zugabe von Zucker und Milch am Ende der Kochzeit. Nehmen Sie die Spargelspitzen beiseite und schneiden Sie den restlichen Spargel in Scheiben. Braten Sie das in Streifen geschnittene Färsenfleisch in einer Antihaftpfanne mit etwas Olivenöl und salzen Sie nach Belieben. Ordnen Sie die Spargelspitzen strahlenförmig auf dem Teller an und geben Sie dazwischen die Golden Melinda-Apfelscheiben in Senfsirup. Schwenken Sie den restlichen geschnittenen Spargel mit einem nussgroßen Stück Butter in einer Pfanne und geben Sie ihn in die Tellermitte. Verteilen Sie darauf das gebratene Färsenfleisch, deglacieren Sie in einer Pfanne mit der Melinda-Bio-Apfelessig-Sauce und überziehen Sie das Fleisch mit der Sauce.

SPEZZATINO DI BOVINO

ALLA BIRRA DOPPIO MALTO AI MARRONI DI CASTIONE CON POLENTA DI STORO

Tempo di preparazione: *1 ora*
Tempo di cottura: *1 ora e 30 minuti*

Fare rosolare molto bene lo spezzatino di bue, precedentemente infarinato in una casseruola, con un filo di olio extravergine; aggiungere le verdure tagliate a dadi e coprire con la birra al doppio malto, aggiustando di sale; cuocere per circa un'ora. Levare i bocconcini dalla salsa e frullare il tutto, per poi riportare entrambe insieme in cottura a fuoco lento per altri 20 minuti. Mettere a cottura la Farina Gialla di Storo con acqua salata per circa 50 minuti. Disporre la polentina a cottura ultimata al centro del piatto e sopra i bocconcini con la salsa alla birra.

INGREDIENTI

400 g di spezzatino di bovino (Federazione Provinciale Allevatori Trento)
1 carota
1 cipolla
2 gambi di sedano
66 cl di Birra doppio malto ai Marroni di Castione (Viess Beer)
Olio extravergine di Oliva del Garda Trentino (Agraria Riva del Garda)
50 g di Farina bianca di Storo (tipo 1)
300 g di Farina gialla di Storo

LAGREIN TRENTINO DOC

Athesim Flumen CANTINA ALDENO

BEEF STEW MADE WITH DOUBLE MALT CASTIONE CHESTNUT BEER, SERVED WITH STORO POLENTA

INGREDIENTS
400 g stewing beef (Trento Provincial Farmers' Federation)
1 carrot
1 onion
2 sticks of celery
66 cl Castione Chestnut double malt beer (Viess Beer)
Garda Trentino extra virgin olive oil (Agraria Riva del Garda)
50 g white Storo flour (type 1)
300 g yellow Storo flour

Preparation time: *1 hour*
Cooking time: *1 hour and 30 minutes*

Cover the stewing beef, cut into chunks, in flour and brown well in a casserole dish with a drizzle of extra virgin olive oil. Add the diced vegetables and cover with the double malt beer, seasoning with salt. Cook for approximately one hour. Remove the chunks of meat from the sauce and blend the remaining mixture. Then mix everything back together and cook over a low heat for another 20 minutes. Cook the yellow Storo flour in salted water for approximately 50 minutes. Once cooked, place the polenta in the centre of the plate with the meat and beer sauce on top.

RINDSRAGOUT MIT DOPPELMALZBIER AUS MARONEN VON CASTIONE UND POLENTA AUS STORO

ZUTATEN
400 g Rindsragout (Viehzüchterverband der Provinz Trient)
1 Karotte
1 Zwiebel
2 Stangen Sellerie
66 cl Doppelmalzbier mit Maronen aus Castione (Viess Beer)
extranatives Olivenöl aus der Region Garda Trentino (Agraria Riva del Garda)
50 g Weißmehl aus Storo (Typ 1)
300 g gelbes Mehl aus Storo

Braten Sie das zuvor in Mehl getunkte Ochsenragout sehr gut in einer Kasserolle mit etwas extranativem Olivenöl an. Geben Sie das würfelig geschnittene Gemüse hinzu, bedecken Sie mit dem Doppelmalzbier und salzen Sie nach Belieben. Kochen Sie alles ca. eine Stunde lang. Entnehmen Sie das Fleisch aus der Sauce und mixen Sie die Sauce, um dann alles zusammen bei geringer Hitze weitere 20 Minuten zu kochen. Kochen Sie das gelbe Mehl aus Storo mit Salzwasser ca. 50 Minuten lang. Verteilen Sie die gegarte Polenta in der Tellermitte und ordnen Sie darauf die Fleischstücke mit der Biersauce an.

Zubereitungszeit: *1 Stunde*
Garzeit: *1 Stunde und 30 Minuten*

STUFATO DI SOTTOSPALLA

DI BOVINO CON VERDURE RIPASSATE AL BURRO TRENTINO

Tempo di preparazione: *20 minuti*
Tempo di cottura: *2 ore*

Prendere il sottospalla bovino, pararlo, legarlo con uno spago e metterlo a rosolare in una casseruola con dell'olio extravergine di oliva; mettere in forno per circa 2 ore e coprire con la Birra speciale Golden Ale. Nel frattempo pulire le verdure, tagliarle in parte uguali e lessarle separatamente, raffreddandole poi in acqua e ghiaccio. Terminata la cottura dello stufato, levare dalla teglia e scaloppare in tagli di 1 cm. Prendere le verdure scottate, ripassarle in padella con del Burro Trentino, aggiustare di sale e disporle in centro piatto. Adagiarvi sopra lo stufato, da nappare con il sugo ristretto della birra.

INGREDIENTI

300 g di sottospalla bovino (Federazione Provinciale Allevatori Trento)

50 g di Farina bianca di Storo (tipo 1)

66 cl di Birra speciale Golden Ale (Viess Beer)

Olio extravergine di Oliva del Garda Trentino (Agraria Riva del Garda)

1 carota

1 zucchina

1 Broccolo di Torbole – presidio Slow Food

50 g di Burro Trentino

CABERNET SAUVIGNON TRENTINO DOC

Athesim Flumen CANTINA ALDENO

SHOULDER OF BEEF STEW WITH SAUTÉED VEGETABLES IN TRENTINO BUTTER

INGREDIENTS
300 g shoulder of beef (Trento Provincial Farmers' Federation)
50 g white Storo flour (type 1)
66 cl special Golden Ale beer (Viess Beer)
Garda Trentino extra virgin olive oil (Agraria Riva del Garda)
1 carrot
1 courgette
1 Torbole Broccoli – Slow Food presidium
50 g Trentino butter

Prepare the shoulder of beef, tying with some string, and brown in a casserole dish with some extra virgin olive oil. Place in the oven for approximately 2 hours and cover with the special Golden Ale beer. In the meantime, clean and evenly slice the vegetables and boil separately, allowing them to then cool in water and ice. Once the meat is cooked, remove from the casserole dish and cut into 1 cm-thick slices. Toss the boiled vegetables in a pan with some Trentino butter, season with salt and arrange in the centre of the plate. Place the stew on top and pour over the reduced beer sauce.

Preparation time: *20 minutes*
Cooking time: *2 hours*

GESCHMORTE RINDSSCHULTER UND GEBRATENES GEMÜSE MIT TRENTINO-BUTTER

ZUTATEN
300 g Rindsschulter (Viehzüchterverband der Provinz Trient)
50 g Weißmehl aus Storo (Typ 1)
66 cl Golden Ale-Spezialbier (Viess Beer)
extranatives Olivenöl aus der Region Garda Trentino (Agraria Riva del Garda)
1 Karotte
1 Zucchini
1 Brokkoli aus Torbole - Slow Food presidium
50 g Trentino-Butter

Zubereitungszeit: *20 Minuten*
Garzeit: *2 Stunden*

Nehmen Sie die Rindsschulter, bereiten Sie sie vor und binden Sie sie mit einer Schnur zusammen. Braten Sie sie in einer Kasserolle mit extranativem Olivenöl an. Geben Sie sie ca. 2 Stunden in den Backofen und bedecken Sie mit Golden Ale-Spezialbier. Waschen Sie in der Zwischenzeit das Gemüse, schneiden Sie es in gleich große Stücke und kochen Sie es separat, um es dann in Wasser mit Eis abzukühlen. Wenn der Schmorbraten gar ist, nehmen Sie ihn aus der Ofenform und schneiden Sie in 1-cm-dicke Scheiben. Nehmen Sie das gedämpfte Gemüse und erhitzen Sie es in der Pfanne mit Trentino-Butter, salzen Sie es und geben Sie es in die Tellermitte. Ordnen Sie darauf den Schmorbraten an und überziehen Sie mit der Biersauce.

TROTA DI MONTAGNA

IMPANATA AL PANE DI MAIS CON CONCASSÉ DI VERDURE SU SALSA ALLA BIRRA AL MIELE DI CASTAGNO

Tempo di preparazione: *30 minuti*
Tempo di cottura: *25 minuti*

Pulire i filetti di trota, spinandoli molto bene, per poi passarli nel Pane di mais precedentemente grattugiato. In una casseruola aggiungere un filo di olio extravergine di oliva, la cipolla tagliata finemente e le verdure tagliate a dadini piccoli; aggiustare di sale e coprire con della carta forno, poi cuocere a fuoco lento per 25 minuti. In un'altra pentola antiaderente aggiungere sempre un filo di olio extravergine di oliva e, quando essa sarà a temperatura, adagiarvi il filetto impanato, rosolando molto bene da entrambe le parti. Disporre su un piatto da portata la concassé di verdure e adagiare i filetti di trota croccanti. Decorare a piacimento.

INGREDIENTI

200 g di filetti di trota di montagna
200 g di Pane di mais (Associazione Panificatori Provincia di Trento)
1 carota
1 cipolla della Val di Gresta
1 zucchina
1 peperone giallo pelato
Olio extravergine di Oliva del Garda Trentino (Agraria Riva del Garda) q.b.
33 cl di Birra al miele di castagno (Viess Beer)
50 g di Burro Trentino
25 g di farina (tipo 00)

ALTINUM RISERVA TRENTODOC
Esclusivi CANTINA ALDENO

MOUNTAIN TROUT IN CORN BREADCRUMBS WITH ROUGHLY-CHOPPED VEGETABLES ON A BED OF CHESTNUT HONEY BEER SAUCE

INGREDIENTS
200 g mountain trout fillets
200 g Corn bread (Trento Province Bakers' Association)
1 carrot
1 Val di Gresta onion
1 courgette
1 peeled yellow pepper
Garda Trentino extra virgin olive oil (Agraria Riva del Garda) to taste
33cl chestnut honey beer (Viess Beer)
50 g Trentino butter
25 g flour (type 00)

Preparation time: *30 minutes*
Cooking time: *25 minutes*

Clean the trout fillets, carefully removing all the bones, and cover with the corn bread, previously grated into breadcrumbs. In a casserole dish, add a drizzle of extra virgin olive oil, the finely chopped onion and the vegetables cut into small cubes. Season with salt, cover with some baking paper and then cook over a low heat for 25 minutes. In another non-stick pan, add a drizzle of extra virgin olive oil and, once heated up, add the breaded fillet, browning well on both sides. Arrange the roughly-cut vegetables on a serving dish and place the crunchy trout fillets on top. Garnish as desired.

BERGFORELLE PANIERT MIT MAISBROT UND GEMÜSE-CONCASSÉ AUF KASTANIENHONIGBIERSAUCE

ZUTATEN
200 g Bergforellenfilets
200 g Maisbrot (Bäckervereinigung der Provinz Trient)
1 Karotte
1 Zwiebel aus dem Val di Gresta
1 Zucchini
1 geschälter gelber Paprika
extranatives Olivenöl aus der Region Garda Trentino (Agraria Riva del Garda) nach Belieben
33 cl Kastanienhonigbier (Viess Beer)
50 g Trentino-Butter
25 g Mehl (Typ 00)

Zubereitungszeit: *30 Minuten*
Garzeit: *25 Minuten*

Säubern Sie die Forellenfilets und entgräten Sie sie sorgfältig, um sie in das zuvor geriebene Maisbrot zu tauchen. Geben Sie etwas extranatives Olivenöl, die fein gehackte Zwiebel und das in kleine Würfel geschnittene Gemüse in eine Kasserolle. Würzen Sie dann mit Salz und bedecken Sie mit Backpapier, um bei geringer Hitze 25 Minuten lang garen zu lassen. Geben Sie in eine andere Antifhaftpfanne ebenfalls etwas extranatives Olivenöl und wenn es heiß ist, lassen Sie die panierten Filets auf beiden Seiten gut braten. Verteilen Sie auf einer Servierplatte das Gemüse-Concassé und drauf die knusprigen Forellenfilets. Dekorieren Sie nach Belieben.

Dessert

DESSERTS

BALOTE DI POMI

DI MELA RENETTA MELINDA ALLA BIRRA AL MIELE DI CASTAGNO SU SALSA DI CILIEGIE MELINDA

Tempo di preparazione: *15 minuti*
Tempo di cottura: *10 minuti*

Preparare la pastella con la farina bianca, la birra e 30 g di zucchero a velo. Pulire le mele e, con l'aiuto di uno scavino, ottenere delle sfere, da immergere una ad una nella pastella. Portare l'olio a temperatura di 170°C e immergere le palline impregnate di pastella. Dorarle molto bene e ottenere un color nocciola, per poi scolarle e asciugarle su una carta assorbente. Prendere le ciliegie denocciolate e frullarle molto bene con lo zucchero a velo rimasto. Disporre la salsa sul fondo piatto, adagiarvi le palline di mela, spolverare di zucchero a velo e decorare con della menta fresca.

INGREDIENTI

100 g di Farina bianca di Storo (tipo 1)
33 cl di Birra al miele di Castagno (Viess Beer)
500 ml di olio di semi
50 g di zucchero a velo
2 mele Renette Melinda
100 g di ciliegie Melinda
foglie di menta

MOSCATO GIALLO TRENTINO DOC

Athesim Flumen CANTINA ALDENO

BALOTE DI POMI MELINDA RENETTA APPLE DUMPLINGS WITH CHESTNUT HONEY BEER, ON A BED OF MELINDA CHERRY SAUCE

INGREDIENTS
100 g white Storo flour (type 1)
33 cl Chestnut honey beer (Viess Beer)
500 ml seed oil
50 g icing sugar
2 Melinda Renette apples
100 g Melinda cherries
mint leaves

Prepare the batter with the white flour, beer and 30 g of icing sugar. Clean the apples and use a scooper to make small sphere shapes, soaking them in the batter one by one. Heat the oil up to 170°C and immerse the apple balls soaked in the batter. Brown well until they turn hazelnut brown in colour, then strain and dry on some kitchen roll. Remove the stones from the cherries and blend well together with the remaining icing sugar. Pour the sauce on a plate, place the apple balls on top, dust with icing sugar and decorate with mint leaves.

Preparation time: *15 minutes*
Cooking time: *10 minutes*

APFELBÄLLCHEN AUS RENETTE MELINDA-APFEL MIT KASTANIENHONIGBIER AUF MELINDA-KIRSCHSAUCE

ZUTATEN
100 g Weißmehl aus Storo (Typ 1)
33 cl Kastanienhonigbier (Viess Beer)
500 ml Samenöl
50 g Staubzucker
2 Renette Melinda-Äpfel
100 g Melinda-Kirschen
Minzblätter

Bereiten Sie den Teig mit dem Weißmehl, dem Bier und 30 g Staubzucker zu. Reinigen Sie die Äpfel und schneiden Sie mit Hilfe eines Obstschneiders Bällchen aus, die Sie dann in den Teig tauchen. Erhitzen Sie das Öl auf 170°C und geben Sie die in den Teig getunkten Bällchen hinein. Braten Sie sie gut, bis sie nussbraun sind, um sie dann herauszunehmen und auf einem Küchenpapier abtropfen zu lassen. Nehmen Sie die entkernten Kirschen und mixen Sie sie gut mit dem übrig gebliebenen Staubzucker. Geben Sie die Sauce auf den Teller und darauf die Apfelbällchen. Bestreuen Sie mit Staubzucker und dekorieren Sie mit frischer Minze.

Zubereitungszeit: *15 Minuten*
Garzeit: *10 Minuten*

CROSTATINA

DI COMPOSTA DI SUSINE DI DRO DOP DI AGRARIA RIVA DEL GARDA E MELA RENETTA MELINDA IN CREMA

Tempo di preparazione: *20 minuti*
Tempo di cottura: *20 minuti*

Con la pasta frolla foderare degli stampini del diametro di 12 cm, aggiungere la composta di Susine e mettere a cuocere a 180°C per circa 18 minuti; poi lasciare raffreddare fuori dal forno. Nel frattempo pulire le mele Renette Melinda, tagliarle a spicchi e cuocerle sul fuoco lento, mantenendo il coperchio, nel succo del limone e lo zucchero. Infine frullarle molto bene e ottenere una crema liscia e cremosa. Disporre la crema di mela Renetta Melinda a specchio, adagiarvi la crostatina di susine, guarnire con i piccoli frutti di Melinda e una spruzzata di zucchero a velo.

INGREDIENTI

200 g di pasta frolla
250 g di composta di Susine di Dro DOP (Agraria Riva del Garda)
2 mele Renette Melinda
1 limone
50 g di zucchero
piccoli frutti Melinda assortiti

MOSCATO GIALLO TRENTINO DOC

Athesim Flumen CANTINA ALDENO

DRO PLUM DOP COMPOTE TART WITH CREAMED MELINDA RENETTA APPLES BY AGRARIA RIVA DEL GARDA

INGREDIENTS
200 g shortcrust pastry
250 g Dro plum DOP compote (Agraria Riva del Garda)
2 Melinda Renette apples
1 lemon
50 g sugar
small mixed Melinda fruits

Preparation time: *20 minutes*
Cooking time: *20 minutes*

Line 12 cm-wide moulds with the shortcrust pastry, add the plum compote and bake at 180°C for approximately 18 minutes. Remove from the oven and leave to cool. In the meantime, clean the Melinda Renette apples, cut into wedges and cook over a low heat with the lemon juice and sugar, keeping covered at all times. Blend well until you get a smooth, dense cream. Spread the Melinda Renetta apple cream onto the plate in a circular shape and place the plum tart on top. Garnish with the small Melinda fruits and a dusting of icing sugar.

CROSTATA-KUCHEN MIT KOMPOTT AUS PFLAUMEN VON DRO DOP UND RENETTE MELINDA-APFEL IN CREME VON AGRARIA RIVA DEL GARDA

ZUTATEN
200 g Mürbteig
250 g Kompott aus Pflaumen von Dro DOP (Agraria Riva del Garda)
2 Renette Melinda-Äpfel
1 Zitrone
50 g Zucker
verschiedene kleine Melinda-Früchte

Legen Sie mit dem Mürbteig Formen mit einem 12-cm-großen Durchmesser aus, geben Sie das Pflaumenkompott hinzu und backen Sie bei 180°C ca. 18 Minuten lang. Lassen Sie die Formen außerhalb des Backofens abkühlen. Waschen Sie inzwischen die Renette Melinda-Äpfel, schneiden Sie sie in Scheiben und garen Sie sie bei geringer Hitze und geschlossenem Deckel mit Zitronensaft und Zucker. Mixen Sie sie schließlich sorgfältig, um eine glatte und flaumige Creme zu erhalten. Geben Sie die Renette Melinda-Apfel-Creme auf den Teller und darauf den Pflaumen-Crostata-Kuchen. Garnieren Sie mit den kleinen Melinda-Früchten und einer feinen Schicht Staubzucker.

Zubereitungszeit: *20 Minuten*
Garzeit: *20 Minuten*

IL MIO CANNOLO

FARCITO ALLA MOUSSE DI CIOCCOLATO NERO DI VALRHONA DI PASTA SHOP MERANO CON CONCASSÉ DI FRAGOLE MELINDA

Tempo di preparazione: *1 ora*
Tempo di cottura: *30 minuti*

INGREDIENTI

250 g di pasta sfoglia
50 g di zucchero semolato
Per la mousse:
250 g di panna da montare
100 g di bianchi d'uovo
150 g di zucchero
350 g di cioccolato nero di Valrhona (Pasta Shop Merano)
250 g di fragole Melinda
foglie di menta

Tirare la pasta foglia sottilmente e, con una rotella rigata, formare delle strisce della lunghezza di 15 cm e della larghezza di 2 cm, da arrotolare sull'apposito cannolo di acciaio. Disporre su una teglia. Finire il cannolo con una spennellata di acqua, spolverare con lo zucchero e infornare a 180°C per 20 minuti, ottenendo dei cannoli croccanti e ben dorati. Per la mousse di cioccolato: montare la panna molto bene e tenerla in frigo. Sbattere i bianchi d'uovo con lo zucchero, rendendoli fissi e ben montati. Sciogliere a bagnomaria il cioccolato nero per poi toglierlo e lavorarlo con una spatola di plastica, solo per abbassare parzialmente la temperatura. Quindi amalgamare la panna ai bianchi d'uovo e, con una frusta, incorporare il cioccolato fino a ottenere una crema molto morbida. Con l'aiuto di un sacchetto da pasticceria farcire i cannoli con la mousse (alle estremità, volendo, si può far aderire una granella con il cioccolato in purezza). Tagliare le fragole di Melinda a dadini e con un coppa pasta tondo, disporli a centro piatto, adagiandovi sopra i cannoli farciti. Decorare con delle foglie di menta.

CASTEL BESENO TRENTINO SUPERIORE DOC

Esclusivi CANTINA ALDENO

MY CANNOLI STUFFED WITH VALRHONA DARK CHOCOLATE MOUSSE BY THE PASTA SHOP MERANO, SERVED WITH ROUGHLY-CHOPPED MELINDA STRAWBERRIES

INGREDIENTS
250 g puff pastry
50 g granulated sugar
For the mousse: 250 g whipping cream
100 g egg whites
150 g sugar
350 g Valrhona dark chocolate (Pasta Shop Merano)
250 g Melinda strawberries
mint leaves

Thinly roll out the puff pastry and use a ribbed dough cutter to form 15 cm-long and 2 cm-wide strips, to roll on the dedicated steel cannolo mould. Place on a baking tray. Lightly brush the cannoli with water, dust with sugar and bake at 180°C for 20 minutes, until they become crunchy and golden brown.
For the chocolate mousse: whip the cream well and keep in the fridge. Whisk the egg whites with the sugar, until they form stiff peaks. Melt the dark chocolate in a bain-marie and then remove and stir with a plastic spatula to cool the mixture down slightly. Mix the cream in with egg whites and, using a whisk, add the chocolate until you get a very soft cream. Use a piping bag to fill the cannoli with the mousse (if you wish, you can cover the mousse at either end with small grains of pure chocolate). Dice the Melinda strawberries and, using a round dough cutter, arrange them in the centre of the plate, placing the stuffed cannoli on top. Decorate with mint leaves.

Preparation time: *1 hour*
Cooking time: *30 minutes*

MEIN TEIGRÖLLCHEN MIT DUNKLEM SCHOKOLADENMOUSSE AUS VALRHONA AUS DEM PASTA SHOP IN MERAN MIT MELINDA ERDBEER-CONCASSÉ

ZUTATEN
250 g Blätterteig
50 g feiner Zucker
Für die Mousse: 250 g Schlagsahne
100 g Eiklar
150 g Zucker
350 g dunkle Schokolade aus Valrhona (Pasta Shop in Meran)
250 g Melinda-Erdbeeren
Minzblätter

Zubereitungszeit: 1 Stunde
Garzeit: 30 Minuten

Rollen Sie den Blätterteig dünn aus und schneiden Sie mit einem gewellten Teigrad 15-cm-lange und 2-cm-breite Streifen aus, die um die entsprechende Metallrolle zu wickeln sind. Geben Sie sie auf das Backblech. Bestreichen Sie die Röllchen mit Wasser, bestreuen Sie sie mit Zucker und backen Sie sie bei 180°C 20 Minuten lang im Backofen, um knusprige und goldbraune Teigröllchen zu erhalten. Für die Schokoladenmousse: Schlagen Sie die Sahne steif und bewahren Sie sie im Kühlschrank auf. Schlagen Sie das Eiklar mit dem Zucker, bis es schön steif ist. Schmelzen Sie die dunkle Schokolade im Wasserbad, um sie dann herauszunehmen und mit einer Kunststoffspachtel zu rühren, damit sie etwas abkühlt. Vermengen Sie schließlich die Sahne mit dem Eiklar und heben Sie mit einem Schneebesen die Schokolade unter, bis sie eine sehr weiche Creme erhalten. Mit Hilfe eines Spritzbeutels füllen Sie die Teigröllchen mit der Mousse (an die Enden kann man auf Wunsch Schokoladenstückchen geben). Schneiden Sie die Melinda-Erdbeeren in Würfel und geben Sie sie mit einer runden Teigform in die Tellermitte und darauf die gefüllten Röllchen. Dekorieren Sie mit den Minzblättern.

MILLEFOGLIE DI MARRONI

DI CASTIONE ALLA CREMA PASTICCERA CON NOCCIOLE PIEMONTE IGP DI PASTA SHOP MERANO

Tempo di preparazione: *45 minuti*
Tempo di cottura: *30 minuti*

Per preparare l'impasto per le cialde bisogna lavorare lo zucchero con le chiare d'uovo; poi, successivamente, incorporare la farina bianca e il burro ammorbidito, ottenendo un impasto omogeneo e lucido. Disporre l'impasto steso a forma circolare di 10 cm su una carta da forno e infornare a 180°C per 10 minuti. Quando la cialda sarà di colore nocciola, lasciare raffreddare sul banco di lavoro. Per la crema pasticcera, portare a bollore il latte e incorporarvi le uova, lo zucchero e la farina ben montate e continuare a mescolare con un mestolo di legno. Nel frattempo prendere le castagne cotte nel forno, pelarle e tritarle finemente per incorporarle nella crema pasticcera e portare il tutto a raffreddamento. Quindi intervallare la crema alle cialde con l'ausilio di un sacchetto da pasticceria, formando una millefoglie. Guarnire con delle Nocciole appena tostate in padella.

INGREDIENTI

Per la pasta Cornettes (impasto per cialde):
100 g di zucchero a velo
5 albumi d'uovo
120 g di Farina bianca di Storo (tipo 1)
65 g di burro Trentino

Per la crema pasticcera:
5 rossi d'uovo
500 ml di latte
150 g di zucchero
100 g di Farina bianca di Storo (tipo 1)
200 g di Marroni di Castione (cotti al forno, tipo caldarroste)
100 g di Nocciole Piemonte IGP (Pasta Shop Merano)

CASTEL BESENO TRENTINO SUPERIORE DOC

Esclusivi CANTINA ALDENO

CASTIONE CHESTNUTS MILLE-FEUILLE WITH CUSTARD AND IGP PIEDMONT HAZELNUTS BY THE PASTA SHOP MERANO

INGREDIENTS

For the cornet pastry: (wafer mixture)
100 g icing sugar
5 egg whites
120 g white Storo flour (type 1)
65 g Trentino butter
For the custard: 5 egg yolks
500 ml milk
150 g sugar
100 g white Storo flour (type 1)
200 g Castione Chestnuts (baked in the oven, as if roasted)
100 g IGP Piedmont Hazelnuts (Pasta Shop Merano)

Preparation time: *45 minutes*
Cooking time: *30 minutes*

To prepare the wafer mixture, beat the sugar together with the egg whites and then add the white flour and the softened butter until you get a smooth and glossy dough. Roll out the dough into a 10 cm-wide circle and place onto some baking paper. Bake in the oven at 180°C for 10 minutes. Once the wafer turns hazelnut in colour, leave to cool on the worktop. For the custard, boil the milk and then stir in the well-mixed eggs, sugar and flour. Continue stirring with a wooden spoon. In the meantime, peel the oven-baked chestnuts and chop finely before pouring into the custard and leaving the mixture to cool. Alternate the cream and the wafers using a piping bag, creating a mille-feuille. Toast some Hazelnuts in a pan and use to garnish.

BLÄTTERTEIGSCHNITTE MIT MARONEN AUS CASTIONE UND CREME MIT PIEMONTE IGP HASELNÜSSEN AUS DEM PASTA SHOP IN MERAN

ZUTATEN
Für den Cornets-Teig: (Waffelteig)
100 g Staubzucker
5 Eiklar
120 g Weißmehl aus Storo (Typ 1)
65 g Trentino-Butter
Für die Creme: 5 Eidotter
500 ml Milch
150 g Zucker
100 g Weißmehl aus Storo (Typ 1)
200 g Maronen aus Castione
(im Ofen gebraten, wie geröstete Kastanien)
100 g Piemonte IGP Haselnüsse
(Pasta Shop in Meran)

Um den Waffelteig herzustellen, ist der Zucker mit dem Eiklar zu rühren. Anschließend werden das weiße Mehl und die weiche Butter hinzugefügt, um einen gleichmäßigen und glatten Teig zu erhalten. Geben Sie den ausgerollten Teig kreisförmig mit 10-cm-großem Durchmesser auf das Backpapier und backen Sie die Blättchen bei 180°C 10 Minuten lang im Backofen. Wenn die Waffeln haselnussbraun sind, lassen Sie sie auf der Arbeitsfläche abkühlen. Lassen Sie für die Creme die Milch aufkochen, geben Sie die Eier, den Zucker und das Mehl dazu und rühren Sie mit einem Holzlöffel um. Inzwischen nehmen Sie die im Ofen gebratenen Kastanien, schälen sie ab und hacken sie fein, um sie unter die Creme zu heben und alles abkühlen zu lassen. Wechseln Sie schließlich die Creme mit den Waffeln ab und bedienen Sie sich eines Spritzbeutels, um eine Blätterteigschnitte zu erhalten. Garnieren Sie mit kurz in der Pfanne gerösteten Haselnüssen.

Zubereitungszeit: *45 Minuten*
Garzeit: *30 Minuten*

PANE DOLCE SAN VIRGILIO

DELL'ASSOCIAZIONE PANIFICATORI PROVINCIA DI TRENTO

Tempo di preparazione: *2 ore*
Tempo di cottura: *20 minuti*

L'impasto deve risultare liscio e morbido; i fichi tagliati saranno aggiunti per ultimi, per pochi giri in planetaria. Preparare dei panetti da 450 g e quindi formare delle palle rotonde, lasciare lievitare per 30 minuti. Schiacciare a 2 cm di spessore (con cilindro o formatrice il diametro sarà di 20/21 cm). Lievitare in cella per 50/60 minuti a 35°C e 80% di umidità. Cuocere a 180°C per 18/20 minuti senza vapore. Prima della cottura, spennellare con uovo sbattuto.

INGREDIENTI

1 kg di farina forte (tipo 0)
250 ml di acqua
250 g di uova intere
75 g di lievito di birra
220 g di zucchero
250 g di burro
20 g di sale
10 g di malto aroma di limone
450 g di fichi secchi tagliati
Per la biga (3 ore):
500 g di farina
250 ml di acqua
50 g di lievito
20 g di burro
50 g di zucchero

MOSCATO GIALLO TRENTINO DOC

Athesimm Flumen CANTINA ALDENO

SAN VIRGILIO SWEET BREAD FROM THE TRENTO PROVINCE BAKERS' ASSOCIATION

INGREDIENTS
1 kg strong flour (type 0)
250 ml water
250 g whole eggs
75 g brewer's yeast
220 g sugar
250 g butter
20 g salt
10 g lemon-flavoured malt
450 g chopped dried figs
Prepare 3-hour biga: 500 g flour
250 ml water
50 g yeast
20 g butter
50 g sugar

Preparation time: *2 hours*
Cooking time: *20 minutes*

The dough must be smooth and soft. The chopped figs must be added last, for just a few turns in the planetary mixer. Prepare dough balls weighing 450 g each and leave to rise for 30 minutes. Roll out to a thickness of 2 cm (using a rolling pin or moulder; the diameter will be 20-21 cm). Place in a proofing chamber for 50/60 minutes at 35°C and 80% humidity. Bake at 180°C for 18/20 minutes without steam. Before baking, brush with beaten egg.

SAN VIRGILIO-SÜSSBROT DER BÄCKERVEREINIGUNG DER PROVINZ TRIENT

ZUTATEN
1 kg festes Mehl (Typ 0)
250 ml Wasser
250 g ganze Eier
75 g Hefe
220 g Zucker
250 g Butter
20 g Salz
10 g Malz mit Zitronenaroma
450 g geschnittene trockene Feigen
Zubereitung eines 3stündigen
Vorteigs: 500 g Mehl
250 ml Wasser
50 g Hefe
20 g Butter
50 g Zucker

Zubereitungszeit: *2 Stunden*
Garzeit: *20 Minuten*

Der Teig hat glatt und weich zu sein. Die geschnittenen Feigen werden zuletzt hinzugefügt und nur kurz in der Knetmaschine bearbeitet. Stellen Sie 450-g-schwere Brötchen her und formen Sie daher runde Bällchen, die Sie 30 Minuten ruhen lassen. Drücken Sie diese auf eine Stärke von 2 cm (mit Zylinder oder Formmaschine beträgt der Durchmesser 20/21 cm). Lassen Sie sie 50/60 Minuten lang bei 35°C und 80% Feuchtigkeit gehen. Backen Sie sie bei 180°C 18/20 Minuten lang ohne Dampf. Bestreichen Sie die Brötchen vor dem Backen mit einem zerschlagenen Ei.

SEMIFREDDO AL MIELE

DI TARASSACO CON SALSA AL CIOCCOLATO GIANDUIA DI PASTA SHOP MERANO E MELA EVELINA MELINDA CARAMELLATA

Tempo di preparazione: *1 ora*
Tempo di cottura: *20 minuti*

Per il semifreddo, montare molto bene a bagnomaria lo zucchero con le uova e il Miele di Tarassaco. Quando ben montato, spostarlo e, continuando a girarlo sempre ma con sotto una bagna di acqua e ghiaccio, e portarlo, sempre girandolo, a temperatura fredda. Montare la panna molto bene e incorporarla alla crema per poi metterla negli stampini di acciaio e portarla a congelamento a -8°C per garantire la morbidezza. Realizzare una salsa alla vaniglia, portando a temperatura il latte con la stecca di vaniglia e aggiungere le uova, la farina e lo zucchero ben miscelato, quindi portare la crema a rapprendimento per poi aggiungere il cioccolato Gianduia, togliendolo dal fuoco per farlo raffreddare. In una padella antiaderente fare sciogliere la noce di burro, lo zucchero e portare quasi a caramellizzazione; aggiungere la mela Evelina Melinda tagliata a spicchi piccoli e fare caramellare velocemente. Quindi disporre la salsa Gianduia sulla base piatto, accanto gli spicchi di mela caramellati, e adagiare il semifreddo nel centro. Decorare a piacimento con menta e piccoli frutti di Melinda.

INGREDIENTI

Per il semifreddo:
5 uova intere
150 g di zucchero
300 g di panna da montare
50 g di Miele di tarassaco (Pasta Shop Merano)

Per la salsa alla Gianduia:
250 ml di latte
90 g di zucchero
30 g di Farina bianca di Storo (tipo 1)
1 stecca di vaniglia
200 g di Cioccolato Gianduia (Pasta Shop Merano)

Per le mele caramellate:
2 mele Evelina Melinda
50 g di zucchero
1 noce di burro

CASTEL BESENO TRENTINO SUPERIORE DOC

Esclusivi CANTINA ALDENO

DANDELION HONEY SEMIFREDDO WITH A SAUCE MADE USING GIANDUJA CHOCOLATE BY THE PASTA SHOP MERANO, SERVED WITH CARAMELISED MELINDA EVELINA APPLE

INGREDIENTS
For the semifreddo: 5 whole eggs
150 g sugar
300 g whipping cream
50 g Dandelion Honey (Pasta Shop Merano)
For the Gianduja sauce: 250 ml milk
90 g sugar
30 g white Storo flour (type 1)
1 vanilla pod
200 g Gianduja Chocolate (Pasta Shop Merano)
For the caramelised apples: 2 Melinda Evelina apples
50 g sugar
1 knob of butter

Preparation time: *1 hour*
Cooking time: *20 minutes*

For the semifreddo, whip up the sugar with the eggs and Dandelion Honey in a bain-marie. Once well whipped, continue to stir and move over a water and ice bath instead. Keep stirring until the mixture cools down. Beat the whipping cream well, mix with the other cream and then pour into steel moulds. Place in the freezer at -8°C to make sure the mixture remains soft.

Make a vanilla sauce by warming up the milk with the vanilla pod and adding the well-mixed eggs, flour and sugar. Cook until you get a full-bodied cream. Add the Gianduja chocolate, removing from the heat, and leave to cool. In a non-stick pan, melt the knob of butter with the sugar and cook until almost caramelised. Add the Melinda Evelina apple cut into small wedges and caramelise quickly. Spread the Gianduja sauce at the bottom of the plate, next to the caramelised apple wedges, then place the semifreddo in the centre. Garnish as desired with mint and small Melinda fruits.

LÖWENZAHNHONIG-PARFAIT MIT NOUGATSCHOKOLADENSAUCE AUS DEM PASTA SHOP IN MERAN UND KARAMELLISIERTEM EVELINA MELINDA-APFEL

ZUTATEN
Für das Parfait: 5 ganze Eier
150 g Zucker
300 g Schlagsahne
50 g Löwenzahnhonig (Pasta Shop in Meran)
Für die Nougatsauce: 250 ml Milch
90 g Zucker
30 g Weißmehl aus Storo (Typ 1)
1 Vanilleschote
200 g Nougatschokolade (Pasta Shop in Meran)
Für die karamellisierten Äpfel: 2 Evelina Melinda-Äpfel
50 g Zucker
1 nussgroßes Stück Butter

Schlagen Sie für das Parfait im Wasserbad sorgfältig den Zucker mit den Eiern und dem Löwenzahnhonig. Nach sorgfältigem Schlagen nehmen Sie alles aus dem Wasserbad und unter ständigem Umrühren kühlen Sie über Wasser und Eis ab. Schlagen Sie die Sahne sehr gut und heben Sie sie unter die Creme, um diese dann in Metallformen auf – 8°C abzukühlen, damit die flaumige Masse erhalten bleibt.
Stellen Sie eine Vanillesauce her, indem sie die Milch mit der Vanilleschote erhitzen und Eier, Mehl und gut vermischten Zucker hinzugeben. Lassen Sie die Creme kurz eindicken, um dann die Nougatschokolade beizumengen, wobei alles von der Kochstelle zum Abkühlen genommen wird. Schmelzen Sie in einer Antihaftpfanne das nussgroße Stück Butter sowie den Zucker und lassen Sie ihn beinahe karamellisieren. Geben Sie dann die in Spalten geschnittenen Evelina Melinda-Äpfel hinzu und karamellisieren Sie sie kurz. Geben Sie die Nougatsauce auf den Teller, daneben die karamellisierten Apfelspalten und ordnen Sie das Parfait in der Mitte an. Dekorieren Sie nach Belieben mit Minze und kleinen Melinda-Früchten.

Zubereitungszeit: *1 Stunde*
Garzeit: *20 Minuten*

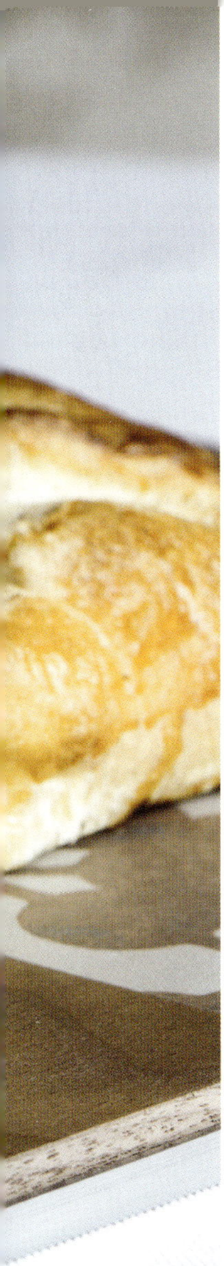

STRUDEL TRENTINO

DELL'ASSOCIAZIONE PANIFICATORI PROVINCIA DI TRENTO

Tempo di preparazione: *30 minuti*
Tempo di cottura: *30 minuti*

Lavorare tutti gli ingredienti per la pasta frolla e, dopo aver ottenuto un impasto omogeneo, mettere in frigo, lasciando riposare per un'ora. Nel frattempo pulire le mele, tagliarle a dadini e arricchirle con uvetta, pinoli, zucchero, pane grattugiato, limone e cannella. Fare saltare in padella antiaderente con una noce di burro per dare una leggera precottura alla farcia e raffreddare. Stendere una pasta frolla dello spessore di 1 cm e farcire con le mele, chiudere lo strudel e spennellare l'esterno con il rosso del uovo. Infornare a 220°C per 30 minuti (ovviamente il tempo cottura varia in base alla dimensione dello strudel).

INGREDIENTI

Per la pasta frolla:
500 g di farina
2 uova
50 g di burro
100 g di zucchero
15 g di lievito per dolci
15 g di olio d'oliva
sale q.b.
Per il ripieno:
700 g di mele Melinda o LaTrentina
50 g di uva sultanina
30 g di pinoli
75 g di zucchero
50 g di pane grattugiato
120 g di burro
3 g di limone
0,2 g di cannella

MOSCATO GIALLO TRENTINO DOC

Athesim Flumen CANTINA ALDENO

TRENTO STRUDEL BY THE TRENTO PROVINCE BAKERS' ASSOCIATION

INGREDIENTS
For the shortcrust pastry: 500 g flour
2 eggs
50 g butter
100 g sugar
15 g baking powder
15 g olive oil
salt to taste
For the filling: 700 g Melinda or LaTrentina apples
50 g raisins
30 g pine nuts
75 g sugar
50 g breadcrumbs
120 g butter
3 g lemon
0.2 g cinnamon

Preparation time: *30 minutes*
Cooking time: *30 minutes*

Mix all the ingredients together for the shortcrust pastry and, after creating an even dough, put in the fridge and leave to stand for an hour. In the meantime, clean the apples, dice and mix together with the raisins, pine nuts, sugar, breadcrumbs, lemon and cinnamon. Toss everything together in a non-stick pan with a knob of butter to pre-cook the filling slightly. Leave to cool. Roll out the shortcrust pastry to a thickness of 1 cm and stuff with the apple mixture. Close the strudel and brush the outside with egg yolk. Bake at 220°C for 30 minutes (the cooking time will obviously vary depending on the size of the strudel).

TRIENTINER STRUDEL DER BÄCKERVEREINIGUNG DER PROVINZ TRIENT

ZUTATEN
Für den Mürbteig: 500 g Mehl
2 Eier
50 g Butter
100 g Zucker
15 g Backpulver
15 g Olivenöl
Salz nach Belieben
Für die Füllung: 700 g Melinda- oder LaTrentina-Äpfel
50 g Sultaninen
30 g Pinienkerne
75 g Zucker
50 g Paniermehl
120 g Butter
3 g Zitrone
0,2 g Zimt

Zubereitungszeit: *30 Minuten*
Garzeit: *30 Minuten*

Vermengen Sie alle Zutaten für den Mürbteig und wenn Sie einen gleichmäßigen Teig hergestellt haben, geben Sie ihn in den Kühlschrank und lassen ihn eine Stunde ruhen. Waschen Sie inzwischen die Äpfel, schneiden Sie sie in Würfel und verfeinern Sie sie mit Sultaninen, Pinienkernen, Zucker, Paniermehl, Zitrone und Zimt. Schwenken Sie sie in einer Antihaftpfanne mit einem nussgroßen Stück Butter, um die Füllung kurz zu garen und lassen Sie sie abkühlen. Rollen Sie den Mürbteig 1 cm dick aus und füllen Sie mit den Äpfeln. Schließen Sie den Strudel und bestreichen Sie ihn außen mit Eidotter. Backen Sie ihn bei 220°C 30 Minuten lang im Backofen (natürlich variiert die Backzeit je nach Größe des Strudels).

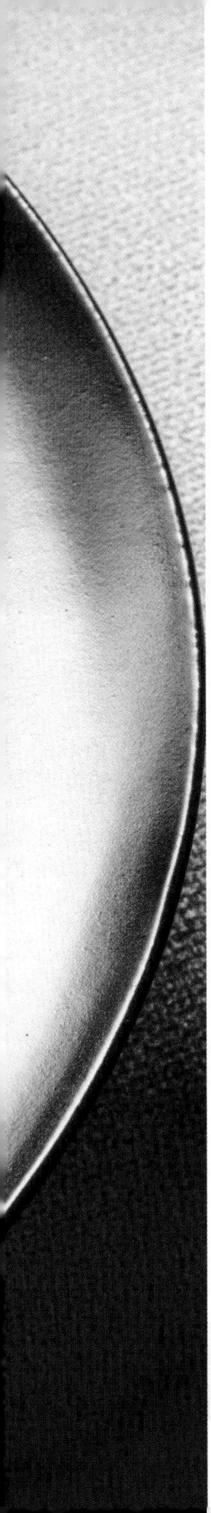

TORTA DI CASTAGNE

DI CASTIONE CON ZABAIONE CALDO AL VINO TRENTINO SUPERIORE CASTEL BESENO DOC DELLA CANTINA DI ALDENO

Tempo di preparazione: *30 minuti*
Tempo di cottura: *30 minuti*

In una coppa di acciaio sbattere le uova con lo zucchero molto bene, fino a sciogliere i cristalli dello zucchero; aggiungere la farina di castagne e amalgamare con cura. Incorporare il lievito per dolci, precedentemente passato a setaccio, e ottenere un composto liscio, omogeneo e cremoso, da versare in pirottini di alluminio del diametro di 12 cm. Cuocere a 180°C per 25 minuti a forno termoventilato. A cottura ultimata, preparare lo zabaione con le uova, lo zucchero e il Vino Trentino superiore Castel Beseno DOC, e montare molto bene a bagnomaria con la frusta. Disporre il tortino su un piatto; è possibile napparlo per la metà o servirlo con lo zabaione in un bricco a parte. Decorare con dei piccoli frutti di Melinda.

INGREDIENTI

150 g di zucchero semolato
3 uova intere
100 g farina di Castagne di Castione
1/2 bustina di lievito per dolci
2 uova intere
50 g di zucchero a velo
1/2 bicchiere di Vino Trentino superiore Castel Beseno DOC (Cantina di Aldeno)
piccoli frutti di Melinda

CASTEL BESENO TRENTINO SUPERIORE DOC

Esclusivi CANTINA ALDENO

CASTIONE CHESTNUT CAKE WITH WARM ZABAGLIONE MADE USING SUPERIOR TRENTO CASTEL BESENO DOC WINE FROM THE ALDENO WINERY

INGREDIENTS
150 g granulated sugar
3 whole eggs
100 g Castione Chestnut flour
1/2 packet baking powder
2 whole eggs
50 g granulated sugar
1/2 glass of superior Trento Castel Beseno DOC wine (Aldeno winery)
small Melinda fruits

Preparation time: *30 minutes*
Cooking time: *30 minutes*

In a steel bowl, whisk the eggs well with the sugar, until the sugar crystals melt. Add the chestnut flour and carefully mix together. Sieve in the baking power and form a smooth, even and creamy mixture. Pour into 12-cm wide aluminium ramekins. Bake at 180°C for 25 minutes in a ventilated oven. Once cooked, prepare the zabaglione with the eggs, sugar, and superior Trento Castel Beseno DOC wine. Whisk together well in a bain-marie. Place the small cake on a plate. You can cover half in the sauce or serve with the zabaglione in a separate pot. Decorate with some small Melinda fruits.

KUCHEN MIT KASTANIEN AUS CASTIONE UND WARMER ZABAIONE-CREME AUS TRENTINO SUPERIORE-WEIN CASTEL BESENO DOC DES WEINKELLERS ALDENO

ZUTATEN
150 g feiner Zucker
3 ganze Eier
100 g Kastanienmehl aus Castione
1/2 Päckchen Backpulver
2 ganze Eier
50 g feiner Zucker
1/2 Glas Trentino Superiore-Wein Castel Beseno DOC (Weinkeller Aldeno)
kleine Melinda-Früchte

Schlagen Sie in einer Metallschüssel sorgfältig die Eier mit dem Zucker, bis die Zuckerkristalle geschmolzen sind. Geben Sie das Kastanienmehl hinzu und verrühren Sie gut. Mengen Sie das vorher durchgesiebte Backpulver bei und Sie erhalten eine glatte, gleichmäßige und cremige Masse, die Sie in Aluminiumformen mit einem Durchmesser von 12 cm füllen. Backen Sie bei 180°C 25 Minuten lang im Heißluftofen. Bereiten Sie nach dem Backen die Zabaione-Creme mit den Eiern, dem Zucker und dem Trentino Superiore-Wein Castel Beseno DOC zu und schlagen Sie die Zutaten sorgfältig mit dem Schneebesen im Wasserbad. Geben Sie den Kuchen auf einen Teller. Sie können ihn zur Hälfte mit der Zabaione-Creme überziehen oder diese in einer Kanne separat servieren. Dekorieren Sie mit kleinen Melinda-Früchten.

Zubereitungszeit: *30 Minuten*
Garzeit: *30 Minuten*

TORTA DI FREGOLOTTI

DELL'ASSOCIAZIONE PANIFICATORI PROVINCIA DI TRENTO

Tempo di preparazione: *20 minuti*
Tempo di cottura: *30 minuti*

Conosciuta già a partire dal 1700, si tratta di un dolce della vecchia tradizione culinaria trentina dal caratteristico colore giallo-dorato, del quale ogni zona, se non proprio ogni paese, ha la sua ricetta (che si differenzia dalle altre per delle varianti tipicamente locali). Tritare le mandorle e aggiungerle a tutti gli ingredienti, sfregolandoli con le mani; raggiunta la consistenza di un composto grumoso grosso, disporli in vari contenitori (dimensione a piacimento). Cuocere a 180°C per circa 25/30 minuti.

INGREDIENTI

300 g di farina (tipo 0)
250 g di burro
250 g di zucchero
150 g di mandorle grezze
40 g di tuorli d'uovo
7 g di lievito chimico
1 g di limone
60 g di Grappa Trentina

CASTEL BESENO TRENTINO SUPERIORE DOC

Esclusivi CANTINA ALDENO

FREGOLOTTI CAKE FROM THE TRENTO PROVINCE BAKERS' ASSOCIATION

INGREDIENTS
300 g flour (type 0)
250 g butter
250 g sugar
150 g coarse almonds
40 g egg yolks
7 g baking powder
1 g lemon
60 g Trentina grappa

Preparation time: *20 minutes*
Cooking time: *30 minutes*

This is an old, traditional dessert from Trento, dating back to the start of the 18th century. This cake is yellow-golden in colour and every area, if not every town, has its own recipe for it (with each one being different due to the number of local variants). Chop the almonds and mix together with all the other ingredients, rubbing with your fingertips. Once the mixture resembles large breadcrumbs, place into the various containers (whatever size you prefer). Bake in the oven at 180°C for approximately 25/30 minutes.

FREGOLOTTI-STREUSELKUCHEN DER BÄCKERVEREINIGUNG DER PROVINZ TRIENT

ZUTATEN
300 g Mehl (Typ 0)
250 g Butter
250 g Zucker
150 g rohe Mandeln
40 g Eidotter
7 g Backpulver
1 g Zitrone
60 g Trientiner Grappa

Zubereitungszeit: *20 Minuten*
Garzeit: *30 Minuten*

Die bereits seit 1700 bekannte Süßspeise entstammt einer alten kulinarischen Tradition mit typischer goldbrauner Farbe, von dem jedes Gebiet oder sogar jedes Dorf sein eigenes Rezept hat (das sich von den anderen durch typische Varianten des Ortes unterscheidet). Hacken Sie die Mandeln und geben Sie sie zu den restlichen Zutaten, wobei mit den Händen gearbeitet wird. Wenn eine streuselige, dicke Masse erhalten wurde, kann diese in verschiedene Behälter (Größe nach Belieben) gefüllt werden. Bei 180°C ca. 25/30 Minuten im Backofen backen.

ZELTEN

DELL'ASSOCIAZIONE PANIFICATORI PROVINCIA DI TRENTO

Tempo di preparazione: *3 ore*
Tempo di cottura: *40 minuti*

Caratteristico dolce natalizio dell'arte dolciaria trentina, già menzionato, come Celteno, in un manoscritto del 1700. Impastare farina, latte, lievito, burro, tuorli d'uovo, zucchero e miele, e (quando ben incordato) aggiungere tutta la frutta secca tagliata a dadini e l'uvetta, precedentemente macerata nel rum. Fare riposare l'impasto per 2 ore, poi stenderlo su una teglia infarinata; spennellare con l'uovo e decorare con frutta secca, fare riposare per 30 minuti e infine cuocere a 180°C per 35/40 minuti.

INGREDIENTI

500 g di farina (tipo 0)
250 g di latte intero
20 g di lievito di birra
80 g di burro
80 g di tuorlo d'uovo
80 g di zucchero
20 g di miele
200 g di uva sultanina
200 g di fichi secchi
200 g di noci sgusciate
100 g di macedonia di frutta candita
100 g di mandorle
100 g di pinoli
5 g di sale

MOSCATO GIALLO TRENTINO DOC

Athesim Flumen CANTINA ALDENO

ZELTEN (DRIED FRUIT CAKE) FROM THE TRENTO PROVINCE BAKERS' ASSOCIATION

INGREDIENTS
500 g flour (type 0)
250 g whole milk
20 g brewer's yeast
80 g butter
80 g egg yolk
80 g sugar
20 g honey
200 g raisins
200 g dried figs
200 g peeled walnuts
100 g mixed candied fruits
100 g almonds
100 g pine nuts
5 g salt

Preparation time: *3 hours*
Cooking time: *40 minutes*

A traditional Christmas dessert from Trento's range of "confectionery art", which was first referred to, as "Celteno", in a manuscript dating back to the year 1700. Mix together the flour, milk, yeast, butter, egg yolk, sugar and honey. Once the dough is well-formed, add all the diced dried fruit and the raisins, previously soaked in rum. Leave the dough to stand for 2 hours, then roll out on a baking tray dusted with flour. Brush with egg and decorate with dried fruit, leave to stand for 30 minutes and then bake at 180°C for 35/40 minutes.

ZELTEN DER BÄCKERVEREINIGUNG DER PROVINZ TRIENT

ZUTATEN
500 g Mehl (Typ 0)
250 g Vollmilch
20 g Hefe
80 g Butter
80 g Eidotter
80 g Zucker
20 g Honig
20 g Sultaninen
200 g getrocknete Feigen
200 g geschälte Nüsse
100 g Obstsalat mit kandierten Früchten
100 g Mandeln
100 g Pinienkerne
5 g Salz

Zubereitungszeit: *3 Stunden*
Garzeit: *40 Minuten*

Typische Weihnachts-Süßspeise der süßen Trientiner Kochkunst, die bereits in einem Schriftstück des Jahres 1700 als "celteno" erwähnt wurde. Rühren Sie Mehl, Milch, Hefe, Butter, Eidotter, Zucker und Honig zusammen und geben Sie (wenn alles gut verknetet ist) alle würfelig geschnittenen Trockenfrüchte und die zuvor in Rum eingeweichten Sultaninen hinzu. Lassen Sie den Teig 2 Stunden ruhen und geben Sie ihn dann in eine bemehlte Kuchenform. Bestreichen Sie ihn mit dem Ei und dekorieren Sie mit dem Trockenobst. Lassen Sie ihn weitere 30 Minuten ruhen und backen Sie ihn dann bei 180°C 35/40 Minuten lang im Backofen.

INDICE DELLE RICETTE / RECIPES INDEX / INDEX DER REZEPTE

ANTIPASTI / STARTERS / VORSPEISEN

PRIMI PIATTI / FIRST COURSES / ERSTE GÄNGE

SECONDI PIATTI / SECOND COURSES / ZWEITE GÄNGE

DESSERT / DESSERTS

Sagra della Ciuìga, San Lorenzo in Banale (TN), novembre.

Festa della Castagna, Castione di Brentonico (TN), ottobre.

Festival della Polenta di Storo, Storo (TN), settembre/ottobre.

Hostaria da Valerio, Aeroporto "Catullo" (VR), 1° Punto Grill Verona.

Macelleria della Federazione Provinciale Allevatori Trento.

Pomaria - Festa della Mela della Val di Non, Cles (TN), ottobre.

Cristian Bertol e Gianluca Pedretti per Radio Dolomiti.

46 PARALLELO
GARDA TRENTINO
ULIVA
FRANTOIO DI RIVA
IMPERIALE
PATÈ DI OLIVE
Molche
CORTE DEL TIPICO
PESTO DI BROCCOLO DI TORBOLE
BROCCOLI DI TORBOLE IN CREMA
ULÌ DEA

passion
ORECCHIETTE
TROFIE
RISERVA DI FAMIGLIA
Grano Italiano
OLIO EXTRA VERGINE D'OLIVA
Sabina D.o.p.
FANTASY SAUCE

Melinda BIO
Glassa
Melinda BIO
Aceto di Mele
Biologico

PUZZONE di MOENA
VEZZENA TRENTINO
FONTAL di CAVALESE
FONTAL di CAVALESE
CASOLET VAL di SOLE
TRENTINO
TRENTINO

viess
beer
BIRRA SPECIALE
AL GEWURZTRAMINER
viess
beer
BIRRA SPECIALE
AL MIELE DI CASTAGNO
viess
beer
BIRRA GOLDEN ALE
viess
beer
BIRRA DOPPIO MALTO
AI MARRONI DI CASTIONE

CRISTIAN BERTOL

info@orsogrigio.it

Cucina dal 1984, quando, a soli 11 anni, il padre lo vuole al suo fianco durante i primi anni di gestione del ristorante. Inizia così la sua storia che continua tuttora, una storia che è diventata la stessa di ORSOGRIGIO Ristorante. Cristian studia in Trentino, ma presto amplia i suoi orizzonti e volge lo sguardo fuori regione. Fra il 1990 e il 1992 lavora in Lombardia, Veneto e Toscana accumulando competenze in ristoranti di assoluto rilievo nazionale e internazionale. L'esperienza italiana si rivela presto proficua: a 18 anni varca i confini nazionali e dà inizio a una serie di interventi professionali di grande rilevanza. Sono gli anni di Parigi, New York e Miami, di Goteborg per la Famiglia Reale svedese, del Brasile, del Cile, della Colombia e dell'Argentina, di Salisburgo e dei corsi per l'alta società austriaca a Vienna e Strasburgo, delle collaborazioni con Gualtiero Marchesi e della cucina per Henri Chenot. Dal 2001 entra a far parte, con l'età minima ammessa, dei *Jeunes Restaurateurs D'Europe*.
Dal 2007 al 2018 è stato ospite fisso del programma RAI *La prova del cuoco*, ma la sua esperienza sul piccolo schermo non finisce qui, anzi continuerà con molte sorprese.

ANTONIO CASANOVA

Antonio Casanova (nome d'arte di Antonio Montanari, 22 settembre 1972) inizia ad esibirsi come illusionista nelle piazze e nei teatri sotto lo pseudonimo di Scaramouche. Nel 1996 presenta lo spettacolo *Il magico mondo di Antonio Casanova*, ispirato allo stile di David Copperfield. Dal 1998 incomincia anche la sua carriera nel piccolo schermo: dopo la partecipazione allo show in onda sulla rete spagnola Antena 3 *Sorpresa! Sorpresa!*, viene notato da Maurizio Costanzo, che lo inserisce come ospite a *Buona Domenica* e al *Maurizio Costanzo Show*. Sempre nel 1998 partecipa al tour *Da me a te* di Claudio Baglioni, dove si esibisce con i suoi numeri illusionistici durante il concerto allo Stadio Olimpico di Roma. Successivamente diventa l'inviato magico di *Striscia la notizia*, dove tiene la rubrica fissa *Incantesimi di viaggio*.
Nel 2012 realizza *Magicland*, un programma televisivo girato in notturna nel parco Valmontone di Roma, a cui partecipano Davide De Zan e i Fichi d'India. Per due anni porta in tournée teatrale in Italia lo spettacolo *Aenigma*, scritto con l'autore di *Striscia la notizia* Lorenzo Beccati. È autore anche della quadrilogia intitolata *L'illusionista* (Edizioni Piemme) e del romanzo thriller *Ventuno* (Sperling & Kupfer).
Attualmente è a teatro con *Incantesimi*, show in cui suona dal vivo brani di Chopin alternandoli ad illusioni, raccontando la storia tra il noto compositore e l'illusionista francese Robert-Houdin, padre della magia moderna. Un'idea, questa, nata dopo la clamorosa apparizione al programma *Tú sí que vales* in veste di pianista classico mascherato, che gli frutta il massimo dei voti e il plauso dei giudici.

CRISTIAN BERTOL - ANTONIO CASANOVA

CUCINA & MAGIA
The Magic Cooking Show

1° Edizione settembre 2018

Progetto grafico: Marialetizia Pivato
Traduzioni: Easy Language
Coordinamento editoriale: Angelo Pastrello

Per le foto delle ricette e del backstage si ringraziano **Nicolò Brunelli Fotografo** e **Schönhuber Franchi**.

ISBN: 978-88-6643-583-9

© Editoriale Programma s.r.l.
Via A. Dal Legname, 8 - 31100 Treviso (TV)
tel. 0422 210841
www.editorialeprogramma.it
www.facebook.com/editoriale.programma

♣

Finito di stampare nel mese di settembre 2018
presso Media Key Editoriale
www.mk-editoriale.eu